Mi maestra es un alien

Educación a través de relaciones intencionales

MI MAESTRA es un Alien

Educación a través de relaciones intencionales

Luz Weeks

Categoría: Educación, valores, familia
primero edición: enero 2021

Para ponerse en contacto con la autora escribir a:
email: mimaestraesunalien@gmail.com

Facebook:Luz Helena Weeks
Instagram:lweeks29
ISBN: 978-958-49-1397-5

Edición y diagramación: Dalon Herrera
Imágenes de carátula y contracarátula: Dalon Herrera

A menos que se indique lo contrario, las citas bíblicas fueron
tomadas de la Versión Reina Valera Revisada 1960.
Impreso en Colombia

CONTENIDO

Reconocimientos
6
Introducción
Diario con mis estudiantes
11
Capítulo 1
When I was litttle...Cuando yo era chiquito
19
Capítulo 2
Mi maestra es un alien
31
Capítulo 3
Maestra, juguemos a los Superhéroes
49
Capítulo 4
Plutón no es un planeta, maestra
69
Capítulo 5
Maestra, se me quedó la mochila
85
Capítulo 6
SOS
99
Capítulo 7
El niño Kurty Boy y el gallo campeón
123
Capítulo 8
El mejor regalo que puedo darte
139
Notas bibliográficas
165

RECONOCIMIENTOS

Dedico este libro al Señor Jesús, por quien todo existe, por darme la voluntad y deseo de cumplir este proyecto, a pesar de los múltiples desafíos que implicó lograrlo.

A mi amado esposo Kurtis A. Weeks, por ver en mí lo que solo Dios podía ver. Gracias por tu amor incondicional; también por impulsarme a volar más allá de mis propios límites y por ser refugio y puerto de llegada en las duras tormentas.

A Melissa Weeks, por ser la primera fuente y recurso en este país, para entender costumbres, idioma, tradiciones y por ser mi primera maestra de inglés, siempre amorosa y pacientemente. Te amo hijita.

A cada uno de mis estudiantes en los diferentes preescolares en los que he trabajado en Colombia y Estados Unidos, por su cariño, gentileza, ternura y todas las aventuras que hemos vivido juntos, así como por las miles de lecciones que he aprendido a través de sus inspiradoras historias.

A mi familia y amigos que siempre me animaron a poner sobre papel esas historias.

A mi editor y mentor en escritura Dalon Herrera, por su entereza en este proyecto; por su capacidad de inspirarme y motivarme cuando la travesía se insinuaba confusa.

A ti, querido lector o lectora, que tan generosamente has aceptado el desafío de leer este libro confiando que lo que aquí está escrito te servirá de consuelo e inspiración para emprender el más noble de los oficios: educar a través de las relaciones intencionales.

«Los lugares y nombres que aparecen en cada historia fueron cambiados para proteger la privacidad de mis estudiantes y sus familias. Aunque tuve consentimiento de algunos de ellos, prefiero mantenerlos en privado»

INTRODUCCIÓN

Diario con mis estudiantes

Las historias que hacen parte de este libro son enteramente reales y surgieron de conversaciones muy serias con mis pequeños estudiantes, cuyas edades no pasaban de los cinco años, así como de aquellas lecciones que he ido aprendiendo durante todos estos maravillosos años como educadora de la primera infancia.

En ese orden de ideas, estoy convencida de que no existe mejor manera de conocer el corazón de los niños que pasando tiempo intencional con ellos y sumergiéndonos en su vasto mundo de fantasías, ideas, intuiciones y forma de percibir el mundo, no solo para interpretar su realidad individual, sino además para construir vasos comunicantes que faciliten la labor educativa. Estoy convencida de que la educación basada en relaciones intencionales es el método más confiable para iluminar sus mentes y corazones con una formación pertinente y acorde a sus necesidades, limitaciones y entorno psico-social.

Pero, ¿a qué me refiero exactamente con relaciones intencionales? «El Diccionario de la Real Academia Española define que la palabra intención denota propósito y está relacionado con una persona que se propone a hacer algo». Así las cosas, podríamos decir entonces que las relaciones intencionales están enfocadas a conocerse con un propósito (y espero que este sea noble) y no darse por vencido cuando las cosas no salen como esperamos.

Por su puesto, a hacer de cada estudiante nuestra misión vocacional aquí en la tierra; es decir, a asumir nuestra labor pedagógica, no como un trabajo peregrino, sino como un privilegio que trasciende los linderos de lo puramente profesional y académico, para asentarse en el terreno del compromiso sincero con su bienestar presente y futuro.

Esto, por supuesto, implica tener la firme intención de que cada momento con ellos cuente y quede grabado en su tierna memoria como un recuerdo inolvidable para la vida.

¿Cómo se logra esto? Si bien no pretendo decir que mi método es irrebatible, sí puedo dar fe de que las relaciones intencionales y los juegos pueden convertirse en un aliado invaluable cuando se asumen con compromiso genuino y seriedad permanente. En mi caso, he podido comprobar que cuando me desentraño de mi condición de adulto sabelotodo, y me pongo al nivel de su estatura para jugar con ellos y sintonizarme con su realidad, no solo con mis oídos, sino también con mi corazón, entonces genero un ambiente de empatía que facilita la labor educativa en todos los sentidos. Claramente al generar vínculos de confianza y camaradería puedo acceder a aquellas riberas de su condición humana, que, por lo general, son difíciles o tediosos de percibir por medio de simples formalismos academicistas.

¿Cómo descubrí en las relaciones intencionales una aliada incondicional?

Recuerdo que hace algunos años tuve la oportunidad de asistir a una conferencia en el estado de Colorado con Joan Ganz Gooney, una de las productoras y cofundadoras del icónico programa televiso *Plaza Sésamo* en USA y muchas partes del mundo, y el preámbulo con la que ella inició su conferencia fue la siguiente pregunta: «¿Cuál ha sido el maestro que más ha impactado sus vidas?».

Con su sorpresiva pregunta ella no solo quería que rememoráramos acerca de los maestros que nos marcaron positivamente, sino llevarnos recordar también aquellos otros que nos hicieron odiar a las Matemáticas, la Historia, o la Educación Física, entre otras materias. Su tesis era que, todos, invariablemente, tenemos al menos un maestro o maestra que nos marcó indeleblemente durante nuestra época escolar… A propósito, ¿tienes presente cuál fue el maestro que más te marcó en tu época de infancia? Piénsalo por un instante y menciona su nombre en voz alta, así como las características que más eco retumbe en tu memoria sobre esa persona.

En mi caso, no tuve que hacer mucho esfuerzo para recordar que la maestra de la que más especiales recuerdos conservo se llamaba Alba Nelly. ¡Wow!, yo tenía nueve años y estaba en cuarto de elemental o primaria, y para entonces vivía en una pequeña población del Valle del Cauca, Colombia, cuando asistí a su escuelita privada.

Con particular entusiasmo recordé que mi maestra Alba Nelly siempre quería hacer la diferencia en la vida de sus alumnos usando métodos poco convencionales para la época. Fue tanto así, que el año que fui su alumna aprendí cosas fuera de lo común como sembrar pepinos, explorar la anatomía de un sapo o conocer la historia de nuestra ciudad, no a partir de un texto escolar, sino mediante salidas de aprendizaje por los lugares más tradicionales del pueblo. Por si fuera poco, con ella aprendí a bordar, a usar herramientas de trabajo en el campo y tuve mis primeras clases de inglés.

Mientras hacía memoria de mi profesora Alba recordé lo mucho que disfrutaba pasar las mañanas de los sábados en su compañía. Era tanta la admiración que sentía por su forma de ser y de enseñar que siempre que tenía oportunidad me ofrecía como voluntaria para acompañarla a su casa y ayudarla a cargar sus libros. Ciertamente esta maestra se esforzó al máximo por crear una relación intencional conmigo; y a pesar de la brecha generacional que había entre las dos, desarrollamos conversaciones profundas que, como es apenas lógico, marcaron mi destino y despertaron en lo más profundo de mi ser una especie de curiosidad y sed por esa mística del conocimiento y la enseñanza; curiosidad que con el paso del tiempo fue configurando mi sendero vocacional en el que me encuentro actualmente.

Luego de asistir a aquella conferencia con Joan Ganz Gooney, mi visión de la educación cambió de enfoque y se amplificó a dimensiones que antes solo intuía de forma aleatoria y lejana. Comprendí que el ser maestro no es una profesión como cualquier otra y, en cambio, es un don y un privilegio cuya génesis y razón de ser es el cielo mismo.

De ahí la importancia que asumamos nuestro rol de maestro con las predisposiciones naturales de este noble oficio. Solo en la medida que apartemos de nuestros pensamientos y emociones la fatiga y la frustración que los arduos años de labor pedagógica van calcificando en torno a nuestro corazón, podremos recuperar la emoción de los primeros días cuando veíamos nuestra vocación como el oficio más hermoso del mundo, y por eso nada nos satisfacía tanto como llegar a nuestra aula de clase y desplegar todo nuestro arsenal de recursos para impartir conocimiento.

Mi propósito al escribir es este texto no es recordarles lo que, con toda seguridad, ya saben; es decir, que la labor del maestro es un trabajo que exige unos niveles de abnegación y entrega que raya los límites de lo improbable. Mi propósito es ofrecerte una visión renovada del enorme privilegio que implica ser modeladores de vidas. Y la mejor manera que encontré para cumplir este propósito, luego de meditar y consultar mi vasto historial de información, fue recurrir a mi propia experiencia como profesora inmigrante que ha tenido que aprender a lidiar con las angustias propias del oficio en un ambiente cultural y social distinto al mío.

Al rastrear las incontables experiencias que he vivido a lo largo de estos años como profesora de la Primera

Infancia, comprendí que sin importar la cultura o nivel socio-económico donde desarrollemos nuestra labor, las necesidades de nuestros niños siguen siendo las mismas: descubrir el propósito por el que están en este mundo. De ahí que cada historia reseñada en este texto represente solo una muestra de lo que ocurre cuando nos apropiamos de nuestra vocación con una consciencia de propósito y destino, y no meramente a partir de los dilemas o contingencias de esta generación.

CAPÍTULO UNO

When I was little... Cuando yo era chiquito

Se sabe que tiempo y distancia son conceptos relativos para los niños, tanto así, que Jean Piaget sugiere que los infantes perciben el tiempo en tres etapas distintas.

Ese día llegué al salón de clases como todos los días carcomida por los nervios y la ansiedad, pues tenía que subir al sistema las evaluaciones del programa escolar y un montón de cosas por culminar. Así que lo único que quería era terminar cuanto antes con las clases, poner a los niños en el bus y sentarme frente al computador a pasar las evaluaciones al sistema.

Sin embargo, Sebastián —uno de mis alumnos— preciso ese día, insistía en que contáramos historias de nuestra niñez.

—¿Niñez? —pensé—. Pero si Sebastián solo tiene 3 añitos, o casi 4.

—Profe, cuando yo era chiquito —dijo con tono serio y reflexivo.

Según él, el tiempo trascurría muy lento y ya él había pasado la tercera parte de su vida en la escuela, mientras para mí era solo un simple y fugaz año. No obstante, en el lapso de ese año, Sebastián ya había aprendido cosas como ser independiente, despedirse de su papá conteniendo las lágrimas, comer con extraños, escribir sus primeras líneas, aprender algunas palabras en español, prestar sus juguetes y aprender a pedir prestado, levantarse después de caerse sin la ayuda de la maestra, ir al baño solo, abotonarse la camisa, limpiar su mesa de trabajo, sacarle punta a un lápiz, distinguir los colores, los números, saludos y días de la semana, así como otros ejercicios de motricidad, además de algunas reglas sociales que empezaba a aprender en el salón de clase, etc.

¡Uhhhfff!, era realmente agotador intentar enumerar todo lo que estaba aprendiendo el pequeño Sebastián a sus escasos 3 añitos de edad.

Por un rato permanecí sin poder moverme, casi en actitud absorta, pensando en lo mucho que habría tenido que vivir este pequeñito como para atreverse a decir con tanto desparpajo «cuando yo era chiquito...».

Así que, llevada por un sorpresivo arrebato de la curiosidad, decidí romper con mi esquema de rutina y dejé que cada uno de mis alumnos libremente sacaran a flote todas las aventuras, historias, problemas y situaciones familiares.

Uno a uno empezaron a hablar de sus regalos favoritos de cumpleaños, de cómo aprendieron a montar bicicleta, de sus mascotas, de sus peleas habituales con sus hermanos, y hasta de sus comidas favoritas. Otro con tono menos lúdico, comenzó a narrar tristemente cómo había sido abandonado por su padre, y otro sobre cómo se había convertido en un niño huérfano a causa de la muerte sorpresiva de su madre, y otro más, de cómo su papá había sido arrestado y deportado a su país de origen.

«¡Para, para! Esto no puede ser cierto», me dije a mí misma, sin poder dar crédito a lo que estaba escuchando. Por un instante tuve la increíble sensación de que sus historias eran mucho más dramáticas que las que yo había vivido a lo largo de mis 35 años de vida, y eso que aún no había terminado de conocerlos del todo, pues apenas llevaban en mi clase, lo que iba de ese año.

Al margen de mi desconcierto, me sorprendió también la sabiduría, madurez y elocuencia con la que hablaban. Algo insólito e inusual para sus edades, pues no parecían niños contando anécdotas infantiles, sino más bien adultos mayores hablando con propiedad de eventos ocurridos en su más remoto pasado. Era realmente sobrecogedor ver su capacidad de reflexión al contar sus historias y la empatía que demostraban por lo que sus compañeros narraban.

Con especial ternura, recuerdo que cuando Sebastián hablaba sobre cómo su mamá lo había abandonado a él y a su padre, su ceño se fruncía y su carita se llenaba de lágrimas, a pesar de que él se empeñaba en mostrarse más fuerte que un guerrero ninja, y cómo cuando sus compañeritos lo abrazaban en señal de comprensión y solidaridad, él tranquilamente les decía conteniendo el sollozo: «Pero eso fue hace mucho tiempo; yo ya estoy bien».

Escuchar sus historias hizo que me transportara como en una especie de máquina del tiempo imaginaria a la época de mi niñez, y empezara a rastrear afanosamente entre mis historias para ver si, a lo mejor, encontraba alguna que se equiparara en dramatismo y tristeza a las historias de mis estudiantes, y así tener quizá un poco más de empatía con ellos, respecto a la crudeza de sus íntimas revelaciones.

Al final pude entender que nuestra labor como familia y maestros no es tanto comparar nuestros procesos con los de los estudiantes, a fin de aumentar nuestra empatía y conexión con ellos. Más bien se trata de comprender que los umbrales del tiempos nos predisponen de manera singular y única, y que uno de nuestros roles es discernir sin prejuicios cada *momentum* en la vida de los pequeños, de modo que podamos asimilarnos a su tiempo y espacio y, desde allí, ayudarlos a sacar provecho de sus predisposiciones socio-emocionales, para fortalecer su autoestima, sus valores y habilidades naturales.

En ese sentido, los adultos debemos aprender a ubicarnos en el espacio temporal de los niños e indicarles de forma didáctica las coordenadas que conducen al buen futuro.

El tiempo, la distancia y sus memorias

Se sabe que tiempo y distancia son conceptos relativos para los niños; tanto así, que Jean Piaget sugiere que estos perciben el tiempo en tres etapas distintas.

1) Las experiencias de vida asociadas a sus necesidades físicas, emociones o impulsos y cambios biológicos primarios. 2) El niño percibe un mundo organizado y orientado por otro (adulto). 3) El infante empieza a dominar el concepto de tiempo teniendo como referencia primaria sus intuiciones y experiencias. [1]

¿Han regresado a algún lugar memorable de su niñez? ¿Se han preguntado por qué el parque o la cancha de fútbol donde solíamos pasar nuestros ratos de ocio y diversión nos parecían más grandes de lo que realmente son? Creo que todos coincidimos en que antes los días nos parecían más largos, pero con el pasar del tiempo empezábamos a tener la sensación de que estos se iban acortando.

Piensa, por ejemplo, en el tamaño de tus pies y la cantidad de pasos que antes tenías que dar cuando tus pies eran pequeños comparado con los que das ahora.

Las huellas del tiempo

Al meditar en la historia de mi estudiante Sebastián mi memoria necesariamente me remite al sabio y elocuente rey Salomón, y cómo este describe el tiempo y sus contingencias. Al leer y reflexionar específicamente sobre Eclesiastés 3, hay por lo menos 3 cosas sobre el tiempo que me llaman la atención:

El tiempo nos afecta físicamente

Aunque el tiempo nos marca en todos los ámbitos, son las huellas físicas las que más rápidamente empiezan a manifestarse. De hecho, las huellas del tiempo empiezan a evidenciarse en nuestros cuerpos físicos desde el momento mismo de la concepción, y solo termina con el ineludible instante de nuestra muerte.

Sin embargo, es en la primera infancia donde, quizás, el peso del tiempo se siente y se sufre con mayor vehemencia. En el caso de Sebastián, era evidente que él estaba viviendo los intensos fragores de esta etapa. Por eso había días en los que se sentía indispuesto para ir a la escuela, pues sus piernas le dolían y los médicos decían que se debía a su desarrollo y crecimiento.

Otro cambio físico evidente es que su carita poco a poco perdía los rasgos de bebé que lo caracterizaba, y por eso mismo se hacía más difícil para su papá pasar por alto sus travesuras, ya que no era tan tiernas como antes. En compensación, Sebastián poco a poco crecía en otras habilidades, como, por ejemplo, alcanzar objetos de los estantes más altos, correr mucho más rápido, cargar cosas de mayor peso o tamaño, y que su capacidad motora fina y gruesa (movimientos de manos y pies) fueran más firmes y definidos.

El tiempo nos afecta emocionalmente

El tiempo también opera en nuestro mundo interior dejando su poderosa huella en nuestra psiquis profunda. Por eso Sebastián, a pesar de su edad, ya había experimentado hondas alteraciones emocionales, como afrontar la ausencia de su madre y lidiar con el hecho de que la celebración del Día de la Madre siempre iba a ser algo difícil de digerir, ya que a diferencia de sus compañeritos a él le había tocado convertirlo en el Día de la abuela, debido a que su presencia y figura sí estaba claramente representada en su vida.

El aspecto positivo de esta ausencia temprana en la vida de Sebastián, es que él maduraba en independencia mucho más rápido que cualquier otro chico de su edad. Además, ya podía reconocer y lidiar mejor con sus sentimientos de frustración, rabia, angustia o alegría, así como identificarlos en otros niños.

Otro hecho memorable es que Sebastián podía lograr una mejor conexión y empatía con aquellos niños de la clase que habían perdido a alguno de sus padres o familiares. Por eso también su curiosidad por aprender y entender la realidad era mayor, así como su capacidad de racionalizar las reglas y negociar las consecuencias cuando las rompía, movido por la curiosidad y sentido de la aventura.

Es claro que las huellas tempranas del tiempo en sus emociones lo habían expuesto a un nivel de consciencia distinto, lo que, de alguna manera, allanaba el camino para que su formación académica fuera más afectiva y efectiva. Al referir su historia personal a otros niños en términos de «cuando yo era chiquito», estaba de manera inconsciente aceptando «I am the boss» (yo soy el capitán del barco de mi vida), es decir, estaba reconociendo que tenía un poder especial para reorientar su proceso de madurez y crecimiento, y demostrando un nivel de consciencia que los demás niños de la clase aún no tenían.

El tiempo nos afecta espiritualmente

Paradójicamente la ausencia de la madre de Sebastián, cuando él apenas comenzaba su travesía por la vida, hizo que otras personas aparecieran en su entorno para ayudarle a tener una imagen saludable de sí mismo y reforzar en él la seguridad de que su identidad y destino estaba garantizado, incluso, desde el momento de su nacimiento.

Claramente no todos los niños cuentan con esta bendición, ya que como seres humanos no siempre tenemos la oportunidad de escoger a nuestras familias, entorno psicosocial ni determinar las circunstancias de nuestro nacimiento. Lo que sí tenemos es el potencial de tomar decisiones a tiempo que pueden marcar la dirección adecuada y cambiar nuestro entorno y afectarlo para darle sentido de pertenencia y propósito.

Las contingencias del tiempo no solo afectan nuestra morfología o perfilan nuestra corporeidad; también predispone nuestro mundo sensorial interior, a fin de priorizar la necesidad de nuestras raíces más profundas. Es ahí donde como adultos tenemos mayor chance de inspirar positivamente la existencia de nuestros niños y podemos utilizar sus vivencias temporales para mostrarles aquellos ángulos de la realidad que, por lo general, son borrosos o desconocidos. Como maestros, tutores o cuidadores de pequeños tenemos la misión más encomiable que podríamos recibir de lo alto.

Tenemos el presente y futuro frente a nuestras narices y la necesidad más apremiante será asegurarnos que ellos reconozcan su valor ante Dios, su gracia y entiendan que no estarán solos en cualquiera de las circunstancias que atravesarán.

Ciertamente educamos para la eternidad y no solo para la temporalidad de la vida. Y la mejor manera de presentarles un futuro providencial lleno de plenitud y excelencia, es atreviéndonos a reconocer las grietas que el tiempo y el espacio han dejado en su vigorosa memoria para transitar por ellas, y llevarlos de la mano a esa orilla de la realidad donde pueden encontrar todo lo que necesitan para asumir su identidad y propósito.

CAPÍTULO DOS

Mi maestra es un alien

Si ser extranjero es un desafío en sí mismo en Latinoamé-
rica, por la amplia diversidad de nuestras tradiciones y
costumbres; esto a pesar de que compartimos una misma
raíz idiomática, cuando viajas a un país donde el idioma,
costumbres y reglas sociales son diametralmente opuestas
a las tuyas es como volver a nacer, debido a que casi tienes
que aprender todo desde cero.

Recuerdo que el primer choque cultural que experimenté al llegar a los Estados Unidos, fue ver tantas calles vacías, sobre todo, en el invierno, sin la presencia cotidiana de vendedores ambulantes ofertando a viva voz sus productos y servicios ni el bullicio interminable que suele caracterizar a nuestras ciudades latinas. Pero lo que más llamó mi atención fue la ausencia total de niños correteando de un lado para otro fuera de sus casas.

Mi sorpresa se derivaba del hecho de que yo provengo de una ciudad en Colombia muy concurrida, musical y también ruidosa, donde los niños suelen pasar sus horas de ocio jugando en las calles en un ambiente de amistad y camaradería maravilloso.

De todas las cosas que eché de menos al pisar tierras estadounidenses y una de las que más hizo mella en mi corazón, fue precisamente ver las calles desiertas de niños, ya que una de las cosas que más disfrutaba en mi ciudad de origen era participar de sus conversaciones acerca de asuntos de juego que, a pesar de lo infantiles e inocentes, eran muy serios para ellos.

Otro de los choques culturales que viví, fue la barrera del idioma. En ese orden de ideas, mi primera experiencia en sociedad (como latina recién casada con un estadounidense) fue cuando mi esposo Kurtis me llevó a una cena de su iglesia para presentarme a sus amigos.

Como mi inglés era bastante limitado para ese entonces, la conversación me resultó un poco aburrida e incómoda. Y como no entendía ni podía participar como deseaba, le pedí a mi esposo que me guiara a donde estaban los niños de las familias, segura de que estando entre niños, mi frustración iba a resultarme no tan agobiante, pues yo sabía que ellos tienen un lenguaje más universal, menos condescendiente y más abierto, y si no podía hablar con ellos, estaba segura de que tal vez querrían jugar, así como yo quería distraerme.

Aunque no lo había previsto ni imaginado, aquella primera experiencia entre niños de un perfil cultural diferente al mío, a la postre, acabó redefiniendo mi carrera profesional en mi nuevo país hacia la Educación para la Primera Infancia, y que en inglés se conoce con el acrónimo ECE. Sin embargo, para lograrlo, tuve que cruzar ciertos obstáculos que no fueron para nada fáciles, debido principalmente a las barrearas concernientes al idioma.

Lo interesante es que esos primeros obstáculos culturales se convirtieron en retos que yo asumí con propiedad. Estos desafíos allanaron mi camino para que empezara mi carrera en el programa ECE(*Early Childhood Education*) sirviendo como voluntaria en la Escuela Dominical de mi iglesia y en una escuela del Distrito Escolar de Inmersión Dual, es decir, de carácter bilingüe.

Integrarme a este voluntariado, me ayudó a crecer en confianza y a soltarme a hablar una segunda lengua, al tener que usar continuamente términos más académicos.

Poco después ya estaba en la universidad estudiando para obtener mi certificación para directora de programa ECE.

Luego de graduarme, fui nombrada por el *Distrito 51* del Condado de Mesa en Grand Junction, Colorado, como maestra de preescolar, y es en este contexto donde la historia del título de este libro y de este capítulo, en particular, tienen su origen.

Muy emocionada por la oportunidad de poner en práctica todo lo que había aprendido en la universidad, y con millones de ideas en mente y una lección preparada cuidadosamente en una vieja agenda, me dispuse a comenzar mi primer día de clases, segura de poseer la experticia y elementos necesarios para tener éxito en esta nueva carrera, pues no solo había dedicado tiempo para orar por mis niños y sus familias, sino que en mi escritorio de trabajo tenía desplegado todo un arsenal de libros, videos, canciones, ideas para trabajos de arte, educación física, planes de lectura, comunicados con los padres de familias, licencias del gobierno, reuniones, etc. (Como decimos en Colombia, me sentía más preparada que un yogurt).

Ese primer día escolar de agosto los niños fueron llegando al salón de clase de la mano de sus padres o familiares con el entusiasmo propio que produce volver a la escuela después de unas largas vacaciones de verano, y a medida que se despedían de sus papás y entraban al salón, mi asistente les daba un tour por el aula para que se fueran familiarizando con el espacio y las actividades escolares con las que empezaríamos el día.

Una vez acabado el preámbulo de la llegada nos reunimos en círculo y empecé a presentarme oficialmente ante el salón en pleno. Yo estaba convencida de que mi inglés era perfecto, aun cuando evidentemente había algo que todavía no dominaba entonces y que no he podido ni podré dominar hasta el día de hoy: mi acento latino. Los que han escuchado hablar a Sofía Vergara en inglés probablemente sepan de lo que estoy hablando.

Pues bien, allí estaba Haiden un pequeñito de 4 años, sentado en el círculo casi al frente mío, mientras no me apartaba la mirada un segundo y me perforaba con sus dos hermosos ojos azules, abiertos como un par de huevos fritos, casi sin pestañar, y con su boquita tan abierta a causa de la impresión de oírme hablar, que podía ver todos los dientecitos que tenía. La impresión de Haiden era como si hubiera visto un fantasma o estuviera observando un objeto de colección muy raro, algo nunca antes visto.

Su impresión era tanta, que no podía hablar y solo balanceaba su carita de un lado a otro, como si fuera un pequeño cachorro perturbado, mientras fruncía el ceño, no de enojo, sino como si quisiera descifrar los códigos que salían de mi boca en forma de palabras indescifrables.

Después de lidiar un instante con su sorpresa, Haiden se llenó de valor y pronunció las palabras que hasta ese momento ningún adulto en todos los años que llevaba en este país, se había atrevido a decirme: «Maestra, ¿por qué habla tan chistoso?».

Lo único que se me ocurrió ante la sorpresiva y genuina inquietud de Haiden, fue tratar de dirigir la atención de mis estudiantes hacia otro asunto diferente al de mi gracioso acento. Aunque los invité a que cantáramos y bailáramos, mis esfuerzos resultaron en vano, ya que era más que evidente que a partir de ese momento el tema de mi acento sería el motivo central de la conversación de los chicos en sus casas cuando sus padres les preguntaran sobre lo que habían aprendido ese día en la escuela.

Ante esta ineludible situación, yo solo tenía dos alternativas: o ignoraba por completo la pregunta de Haiden y dejaba que los papitos respondieran el dilema de mi extraño acento, o lo enfrentaba con altura en el salón de clase y hacía de esta una experiencia inolvidable que me conectara con mis inquietos estudiantes todo el año.

De modo que allí estaba yo en medio de mi imprevisto dilema, maquinando cómo le sacaba provecho a la situación de no poder, siquiera, pronunciar como una nativa las palabras que para ellos eran la más comunes de su idioma.

¡Fue entonces cuando, de repente, algo en mi mente hizo *clic!* y recordé que en mi nuevo certificado de ciudadanía estadounidense decía «**Alien Citizenship**».

Con el entusiasmo de quien acaba de recibir una revelación, reuní a todos mis estudiantes en un círculo y les comenté con mi disparatado acento inglés que yo provenía de un país contrario al suyo donde hablábamos diferente, comíamos... y hasta podíamos parecer físicamente distintos. Increíblemente esta experiencia anecdótica fue la llave que les abrió mi corazón dándoles libre acceso a mi mundo, mi casa, mi cabeza, mis tradiciones de infancia en aspectos como la música, costumbres y comidas que envuelven la cultura en la que crecí.

Pero aquí no termina esta historia. Aunque para mis estudiantes la palabra ALIEN estaba casi que exclusivamente ligada a los extraterrestres, lo cierto es que, en inglés, a diferencia del español, el término alien puede usarse para describir a un foráneo o alguien que viene de otro lugar. Y este fue el pequeño detalle que en ese momento se me pasó por alto explicarles. De manera que lo más probable es que cuando Haiden llegara a casa y sus padres preguntaran: «¿Qué aprendiste hoy?», este no vacilaría en contestar a viva voz: «Mi maestra es un alien; sin antenas, ni piel de cocodrilo, pero es un alien».

Desde entonces, de manera jocosa y divertida, trato de explicar la diferencia de estas palabras y qué significa ser un extranjero en este país.

Cabe recordar, y ya lo explicaba un poco en el capítulo anterior, que hay conceptos como el tiempo, la distancia, las medidas y también geografía, que son relativos para los niños y por más que trato de explicarles que provengo de otro país y les muestro mi nación de origen en un mapa, algunos todavía confunden los países con los planetas. Esto, por supuesto, contribuye a que mi historia sea aún más jocosa, tanto, que frecuentemente mis estudiantes me hacen preguntas en inglés como «maestra, ¿en tu planeta hablan inglés? Maestra, ¿en tu planeta comen carne de perro? o, maestra, ¿en tu planeta comen insectos? Algunas veces le saco provecho a estas preguntas cuando quiero cambiar algún comportamiento.

El dilema de la diversidad

La palabra diversidad tiene una amplia gama de colores y va desde la variedad lingüística, orientación sexual, grupos étnicos, religiones, especies animales y vegetales, cultura y tradiciones, hasta caer estrepitosamente en lo que en esta época postmoderna se denomina como «inclusionismo».

En este capítulo voy a centrarme en el tema que estoy tratando con los niños, sobre sus historias y comportamientos, y que a veces parecen ser tomados como actos de indisciplina, pero que en el fondo pueden tener una lógica que usualmente pasamos por alto como adultos. Así que trataré un poco sobre la diversidad multicultural percibida desde los ojos de mis estudiantes en el salón de clases.

Como ya les conté, durante mi primer año como profesora extranjera, me encontré con la sorpresa de que mis estudiantes jamás habían tenido una maestra latina con un acento bastante marcado, como era mi caso, por lo que esto fue motivo instantáneo de su curiosidad infantil. Y aunque en ningún momento sentí su rechazo o animadversión, sí sentí su curiosidad rondando sus cabecitas, al ver las profundas brechas culturales que existían—y existen— entre nosotros. Esto a pesar de que en el aula de clases tuviéramos algunos niños de origen mexicano, pero con los que la mayoría de ellos todavía no habían interactuado conscientemente como para notar las diferencias en cuestión, pues esto solo se daría espontáneamente con el trascurrir del tiempo.

Es natural para un niño pequeño mirar detenidamente aquello que está por fuera de su contexto y rutina cotidiana, por lo que es diferente o contrario a sus patrones cognitivos, es decir, que no es común a su infantil entendimiento del entorno que los rodea.

Para un pequeño que recién empieza a salir de su burbuja psicosocial es normal hacerse preguntas como: ¿por qué?, ¿cuándo?, ¿cómo así?, y poner cara de profunda extrañeza cuando se encuentra por primera vez ante algo novedoso o que está al margen de su entendimiento.

El dilema se presenta cuando las respuestas a estos inocentes interrogantes están, de alguna manera, condicionados o estimulados por nuestras experiencias negativas como adultos, como por ejemplo, cuando tratamos de universalizar a todos los hombre y mujeres basándonos únicamente en alguna experiencia negativa que tuvimos con ellos en el pasado.

Expresiones como «todos los hombres están cortados con la misma tijera», «todos los latinos son iguales», «esta gente toda es igual», «las personas de tal país o región nunca se bañan» o «estos %$/%$$# son unos perezosos», y algunas otras comparaciones que, aunque parecieran ser positivas o inocuas por tratarse del más sutil sarcasmo como «estos estadounidenses sí saben lo que hacen, no como los... que son unos tales por cuales...», lo cierto es que demuestra lo fácil que los adultos tendemos a caer en la trampa insidiosa de los determinismos y prejuicios culturales, y lo proclives que somos a sembrar estos erráticos estereotipos en las mentes de los más pequeños.

En lo personal, creo en el concepto de universalismo desde una perspectiva un poco más condescendiente, como es la existencia de principios absolutos que son indiscutibles e innegociables y que se aplican a todas las culturas, por cuanto son la única guía confiable y veraz para responder a los dilemas concernientes a las diferencias multirraciales y multiculturales que tienen nuestros niños en la actualidad.

Un relato bíblico del evangelio de San Juan narra una interesante conversación entre Jesús y una mujer de origen samaritano. Esto no solo era reprochable desde el punto de vista histórico, sino religioso, en virtud de las diferencias aparentemente irreconciliables que había entre judíos y samaritanos, y que abarcaban aspectos teológicos en cuanto la observancia de los ritos sagrados y la ética de comportamiento que primaba en los tiempos de Jesús.

Estas marcadas diferencias culturales hacían que se descalificaran entre sí o vieran con tremendo recelo cualquier aproximación social entre un hombre y una mujer, máxime cuando la reputación de la contraparte femenina estaba en entredicho a causa de su oscuro pasado.

Aunque ante la sociedad judía el encuentro entre Jesús y la samaritana nunca debió llevarse a cabo, por lo expresado anteriormente, Jesús dejó claro que su actitud estaba lejos de ser condicionada por los estereotipos y prejuicios de su tiempo, y por eso actuó movido por una convicción compasiva, sin importar que esto pudiera afectar su reputación.

Son muchos los mensajes y enseñanzas que se han extraído de este prodigioso encuentro a lo largo de la historia cristiana y, sin embargo, el encuentro entre Jesús y la mujer samaritana es una fuente inagotable de verdad e inspiración. Por lo pronto, quiero traer a colación las tres enseñanzas que yo encuentro en este pasaje, y que me han sido de una utilidad invaluable como maestra a la hora de responder a mis propios dilemas sobre la diversidad en el salón de clase.

1.   Poner especial acento en las cosas que nos unen o son comunes entre nosotros

Aunque la palabra prójimo puede referirse a aquel otro ser que nos rodea en tiempo y espacio, lo cierto es que se trata de un término que encierra conceptos más profundos y estrechos que la simple proximidad temporal o espacial.

Prójimo proviene de próximo; es decir, aquel individuo más cercano a mí, no solo en los aspectos mencionados anteriormente, sino con el que me puedo identificar por mis trascendentes similitudes, las que van más allá de lo físico, las que nos ponen en un mismo paralelo de necesidad y vulnerabilidad, como lo es la necesidad de ser entendido, aceptado y amado. Ese nivel de proximidad fue lo que le permitió a Jesús tender puentes de comunicación empática con una mujer que vivía claramente excluida del más mínimo sentido de aceptación y respeto.

Creo que como maestros este factor sigue vigente en nuestros días a la hora de tender puentes comunicacionales con nuestros alumnos, más allá de los formalismos y tecnicismos académicos. En ese orden de ideas, nuestra labor pedagógica no comienza en las cosas que nos distancian o nos diferencian, sino trazando una línea de proximidad empática con nuestros alumnos que nos facilite la tarea.

Eso fue lo que hizo Jesús con la mujer samaritana. Sin bien él no negó la realidad sociocultural que se erigía como una barrera entre él y la samaritana, toda su disposición estuvo al servicio de encontrar lo que sí tenían en común y en lo que se asemejaban. Nótese que ambos concurrieron a un mismo pozo en procura de satisfacer una necesidad semejante: el agua.

Fue ese factor común lo que, a la postre, propició una relación transformacional de gran impacto. La mujer samaritana fue transformada radicalmente de adentro hacia afuera, en virtud de que Jesús pudo observar en ella más sintonías que disonancias.

Ahora bien, ¿qué factores en común hay entre los niños y nosotros como profesores? ¿Qué nos hace semejantes más allá de los accesorios puramente culturales o intelectuales? ¿En qué dependemos el uno al otro sin renunciar a nuestras singularidades? Solo en la medida que estas preguntas se respondan asertivamente, podremos elaborar un sistema pedagógico que trascienda nuestras aulas de clase.

2. Compasión, amor, ella era su misión en ese instante

Jesús no solo vio cercanías y coincidencias con la mujer samaritana. También reconoció lo que los distinguía y usó esa diferencia para generar un vínculo transformacional.

Mientras Jesús reconoció en la mujer a alguien facultado para calmar su sed física, también vislumbró en su alma la más profunda soledad. Lo interesante, es que Jesús no se quedó en el diagnóstico apresurado, sino que una vez identificado el desafío abrumador, asumió el reto de subsanarlo con la más eficaz de las herramientas: el amor compasivo. Ciertamente él hubiera podido detenerse a hacer todo un rígido perfil psicológico y espiritual de la mujer y aplicarle una buena dosis de argumentación teológica. Pero no, Jesús pasó por alto la técnica de la razón y optó por la técnica del amor compasivo.

Por lo que se evidencia en el relato, la mujer samaritana vivía una constante predisposición psicológica para defenderse con las mismas armas argumentales con que se le atacaban. Pero Jesús, sabiendo que ese camino solo arrojaba más oscuridad y tormento a un alma fatigada, decide tomar el camino de la compasión sin límites como atajo más seguro para llegar al lugar donde estaba el problema. Y por lo que vemos en el relato, su osadía funcionó como método psicopedagógico.

Como maestros que vivimos y desempeñamos nuestra labor en un tiempo que pone especial énfasis en el saber por encima del ser, nuestro desafío es aprender a amar y aceptar, por encima de saber enseñar y educar. Cuando aprendemos cómo llevar luz al alma de un niño, le damos el combustible más seguro y confiable para que su mente transite confiada y segura por el engañoso camino del conocimiento y la razón.

3.   Preocupación por el futuro, su destino

Por último, a Jesús le importaba el futuro de esta mujer, más allá del presente inmediato. Mientras las masas solo veían en ella un presente dudoso y condenable, él corrió el telón del tiempo y vio futuro donde todos solo veían oscuridad y miseria. ¡Qué tremenda lección!

Es claro que, si como maestros aprendemos a ver en perspectiva a nuestros estudiantes, podemos generar la sinergia necesaria para que las neblinas mentales de su presente se disipen. Si tuviéramos que definir la labor de un maestro, creo que esa sería una inmejorable definición. Somos disipadores de tinieblas mentales; pero no aquellas tinieblas que le impiden ver el origen y mecanismo de las cosas (la epistemología de la realidad), sino las que le impiden ver el destino de la existencia humana. Y sin lugar a dudas, creo que de todas las virtudes de las que gozamos los educadores, esta es, de lejos, la más emocionante y a su vez desafiante.

Saber que educamos para la eternidad y no para un gobierno o un sistema de creencias es lo que ennoblece el oficio de educar. Sin embargo, llegar a este nivel de comprensión implica bajarnos de nuestro pedestal de sabelotodo y aceptar que nuestra misión no es informar sino formar, y el mejor modelo que tenemos para este fin es abriendo el libro de nuestras propias vidas, pues ese es el único texto donde la eternidad se entiende con total claridad.

CAPÍTULO 3

Maestra, juguemos a los Superhéroes

Algunos diccionarios describen la gracia como un concepto exclusivo de la teología cristiana. Sin embargo, al margen de cualquier corriente filosófica o religiosa, el término gracia alude a un regalo que se otorga sin que el receptor lo merezca.

Qué lindos recuerdos de infancia aquellos, cuando nos sentábamos frente al televisor para ver nuestras series de televisión favoritas. La mía en particular, era *La mujer maravilla*. Creo que el rasgo que más me atraía de la protagonista, era su heroísmo y capacidad de ayudar a quienes estaban en peligro, y cómo por medio de un simple lazo (el lazo de la verdad) obligaba a toda clase de villanos a contar los secretos y saltaba paredes enormes.

También me fascinaba ver cómo corría a esa velocidad o volaba en su avión invisible, levantaba objetos súper pesados sin el más mínimo esfuerzo y doblaba el acero como si se tratara de simple plastilina. Sin embargo, debo admitir que, de todos sus súper poderes, el que más me impresionaba, era que no importaba cuantas vueltas diera para convertirse en *La mujer maravilla*, nunca se mareaba ni perdía el equilibrio. Créanme, yo lo intenté muchas veces y siempre terminé mareada o yéndome de bruces contra el piso.

Sentido de Justicia y gracia

Lara tenía 4 años y era la clase de estudiante que todo profesor anhela tener en el salón de clases, por su orden, madurez, independencia, y porque no solo acataba las reglas al pie de la letra, sino que se cercioraba de que todos en el salón también lo hicieran.

La pequeña Lara sabía planear como ninguna niña de su edad y sabía cumplir fielmente con sus deberes. Era de las que creían firmemente en su maestra y corregía a su mamá si esta hacía algo distinto a lo que su «profe» les había enseñado en el salón. Por lo regular, era ella quien llamaba a su maestra para trabajar en alguna asignación pendiente, cuando lo normal es que fuera, al contrario. Lara tomaba tan enserio cada segundo del día de clase en el pre-escolar, que frecuentemente al momento de salir al recreo me preguntaba: «Maestra, ¿jugamos a los superhéroes?».

Cuando me veía poco entusiasmada por su propuesta, me prometía dejar que yo fuera *La mujer maravilla*.

Es que Lara y yo siempre nos disputábamos los roles de los superhéroes, aunque, por lo general, yo casi siempre terminada siendo la *Batichica*, gracias a su enorme capacidad de persuasión. A mí el rol de *Batichica* no era que me gustara mucho, que digamos, pues no sabía qué hacer con este personaje, debido a que en mi infancia nunca fue mi heroína favorita, en razón de que no le veía ningún súper poder que deslumbrara en comparación con los demás súper héroes.

Lo único que me motivaba a hacer de *Batichica* y dejar que Lara fuera *La mujer maravilla*, es que al menos las dos íbamos a dedicar la hora del receso al negocio de atrapar villanos, proteger a los débiles y recuperar los tesoros robados por el hampa.

Era tanta la insistencia de Lara para que jugáramos a los superhéroes, que el recreo se convirtió en una cita obligada entre las dos para jugar; ella como *La mujer maravilla*, y yo como la poderosa *Batichica*.

Lo interesante de esta historia, es que pasar tiempo cerca de la pequeña Lara me permitió conocerla mucho más de cerca, y saber cuáles eran sus intereses, preferencias y frustraciones. Poco a poco empecé a entender qué cosas la irritaban y qué cosas la hacían feliz. Sin embargo, lo que más me atrajo de su pequeño mundo fue su espiritualidad y su sentido justicia; es decir, su profunda noción acerca del bien y del mal.

Recuerdo que en una *ocasión* nos encontramos con el insólito dilema de que *El hombre araña* (otro de sus compañeritos), estaba arrojando las pelotas fuera del campo de juego, lo cual estaba prohibido.

Al percatarse de lo sucedido, *La mujer maravilla* me llama a través de su boqui toqui invisible y me dice:

—Batichica, esto es una verdadera emergencia.

—¿Qué vamos a hacer, mujer maravilla? —le pregunté.

La mujer maravilla enseguida creó todo un intrincado plan para atrapar al *Hombre araña* y llevarlo a asumir las consecuencias por sus nefastos actos.

—Pero, mujer maravilla, él también es un superhéroe y se supone que es bueno como nosotros. ¿Cómo lo vamos a reprender? —le pregunté.

La mujer maravilla, con su mano en la barbilla, se queda pensando reflexivamente en las palabras que le acabo de decir y en el dilema en el que nos hallábamos al saber que el *Hombre araña* estaba rompiendo deliberadamente las reglas del preescolar, reglas que, entre otras cosas, él ya conocía a la perfección.

Yo por mi parte, me quedé observándola detenidamente, para ver si aplicaba justicia o si actuaba con gracia y misericordia, mientras me preguntaba ¿cómo vería estos dos conceptos un niño de 4 años?

En caso de que decidiera perdonar al *Hombre araña*, ¿perdonaría también con la misma gracia a un villano? Y si decidía aplicar justicia, ¿de qué manera lo haría?

Por un instante largo observé a Lara detenidamente con todas estas preguntas en mi cabeza, segura, claro está, de que no podía intervenir, pues ella era la jefa y yo no podía tomar partido en ninguna decisión.

Después de pensarlo un poco, Lara o, mejor dicho, *La mujer maravilla*, finalmente decidió darle una segunda oportunidad al *Hombre araña*, solo bajo dos condicione: la primera, que él debía ayudar a las maestras en lugar de apoyar el desorden y, la segunda, que él debía jugar con ella y unirse a la «Liga de la Justicia» eso sí, bajo la dirección de la *Mujer maravilla*.

El dilema de la justicia y la gracia

Es curioso cómo algunos diccionarios describen la gracia como un concepto exclusivo de la teología cristiana. Sin embargo, al margen de cualquier corriente filosófica o religiosa, el término gracia alude a un regalo que se otorga sin que el receptor lo merezca. En ese orden de ideas, dicho regalo puede ser un acto de perdón, salvación, misericordia, buena voluntad, bondad, amor, etc. En cambio, el término justicia pareciera tener una definición contraria, como es el derecho y la responsabilidad de otorgar a cada quien lo que se merece en virtud de sus acciones, independiente de si son buenas o malas. En ese sentido, tiene que ver con castigos o premios.

Algunos escritores enfatizan en que el sentido de justicia nació en la raza humana de la necesidad de mantener la armonía entre los pueblos. De ahí que no resulte extraño que estos dos conceptos—gracia y justicia —estén tan fuertemente ligados a nuestra naturaleza humana, pues lo natural es que esperemos siempre que se aplique justicia cuando alguien, al margen de nosotros, claro está, haya hecho algo malo, pero paradójicamente esperamos la gracia del perdón cuando somos nosotros los que hemos quebrantado la ley.

De este hecho paradójico se derivaba mi interés por saber cómo una niña de 4 años se las arreglaría para manejar estos conceptos y, sobre todo, qué papel jugaba yo en medio de semejante dilema.

Sé que esta inquietud no fue ni es ni será exclusivamente mía. Como trabajadores de la educación, situaciones como las aquí referidas son una constante en la que debemos intermediar en nuestra labor como docentes que deben alumbrar la mente de nuestros estudiantes en cuestiones tan complejas como es enseñar a delimitar los ámbitos de la justicia y la gracia.

Trataré de resolver esta inquietud, comenzando por recordar lo que sucede en la etapa de desarrollo de un niño que está entre 3 a 5 años de edad.

Es claro que en los años de preescolar los niños desarrollan con una rapidez asombrosa habilidades matemáticas, del habla, cuidado personal, lecto-escritura, manejo de motora fina y gruesa e independencia. Como diría el tío Ben (tío del *Hombre araña*): «Es algo así como una etapa de descubrimiento de una serie de súper poderes que los acompañará por el resto de sus vidas». Ciertamente se trata de un gran depósito de poder que conlleva una gran responsabilidad, puesto que los preescolares están en esa etapa trascendental de aprender a vivir en comunidad, ser cooperativos, resolver conflictos y en la que aprenden que no siempre podrán hacer su voluntad.

Por otra parte, es una etapa propicia para que ellos aprendan la importancia de la disciplina y el autocontrol y para auto descubrirse como seres sociables capaces de tener amigos con los que se pueden identificar y jugar paralelamente.

Sin embargo, debemos tener en cuenta que para que un niño aprenda apropiadamente a manejar conceptos básicos de justicia y gracia, es menester que ellos desarrollen, a la vez, habilidades sociales que los habiliten para vivir en sociedad. Y para que este proceso de auto descubrimiento ocurra de forma multimodal, debemos partir de la premisa de que son criaturas hechas a imagen divina y que, por lo tanto, comparten este ADN celestial como parte de sus atributos esenciales. Así las cosas, siempre tendrán la necesidad y el derecho de reclamar lo que creen que es justo y a pedir gracia (perdón) cuando entienden que han quebrantado una regla o norma.

Es en este punto donde el trabajo en equipo, entre nosotros como maestros y las familias de nuestros alumnos, juega un papel preponderante respecto a la instrucción de estos conceptos dentro de un marco saludable de la disciplina. Tengamos presente que la Escritura enseña la importancia de la disciplina y corrección como un acto de amor.

«No menosprecies, hijo mío, el castigo de Jehová, Ni te fatigues de su corrección; Porque Jehová al que ama castiga, Como el padre al hijo a quien quiere» (Prov. 3:11-12).

Lamentablemente los adultos solemos, por un sinfín de razones, darle un marco erróneo y negativo a la palabra disciplina, al asociarla unidireccionalmente con nefastas consecuencias.

¿Cómo crear un ambiente de disciplina saludable?

Cuando hablo de la importancia de la disciplina en el proceso educativo, no me refiero específicamente al castigo por el rompimiento de las reglas establecidas, ni a recurrir a mecanismos de disuasión como el regaño, el enviarlos a su cuarto, el quitarles algún privilegio o cualquier otro método de corrección. Estos solo forman una pequeña parte en el complejo entramado de represión (en el amplio espectro de enmendar un comportamiento adecuado) y, por lo tanto, el uso excesivo o extemporáneo de cualquier método de disciplina podría generar en los pequeños sentimientos de frustración o lesionar los lazos afectivos entre ellos y sus padres, lo cual limitará el proceso de autodisciplina en el niño.

La disciplina eficaz infiere guiar y modelar estilos de vida productivos, crear expectativas mensurables en la familia, así como inspirar actitudes cooperativas y el trabajo en equipo en el hogar por medio de rutinas comportamentales que deberán aplicarse diariamente de forma consistente. ¿Cómo hacemos esto?

1. Planee sus rutinas diarias

Elaborar un simple cronograma de rutinas, puede generar una conducta consistente en el niño, además de incentivar su autoconfianza y tranquilidad emocional.

Los hábitos que se practican de forma coherente y repetitiva construyen un equilibrio emocional, que poco a poco les ayudará a diferenciar entre lo que es y no es correcto.

Se sabe que el hábito de rutinas diarias también influye positivamente en su creatividad, ya que cuando deseen encontrar nuevas formas de elaborar la misma tarea, podrán tener un punto de referencia, dado el caso que se encuentren solos ante una situación complicada y deban tomar decisiones sin el apoyo de sus padres. Esta será, además, una buena oportunidad para que ellos apliquen los principios y tradiciones que usted quiere dejar como legado.

En la medida que usted sea consistente y disciplinado en esta rutina, empezará a descubrir cómo el niño aprenderá a ser más independiente y responsable. De ese modo, usted tendrá más tiempo para planear la siguiente jugada en el plan de educación de su hijo. Créame, esta es una de las razones por el que muchos maestros aman a los padres que adoptan el buen hábito de «rutinas diarias».

2. Crea una lista de responsabilidades

Dentro del plan de rutinas diarias que usted y su hijo han acordado, deben incluir quien será el encargado de velar por el cumplimiento de las actividades para el día, y elaborar una lista de responsabilidades de forma creativa (como dibujos o mapas conceptuales) donde se indiquen visualmente las tareas que usted quiere que su hijo haga diariamente antes de ir a la escuela y cuando regrese de ella.

No tiene que premiarle por hacer dichas actividades, puesto que se trata de sus responsabilidades y son parte de las obligaciones que implican el vivir en comunidad. Además, él o ella deben saber que en la vida real se espera que todo ciudadano siga las leyes de un país, simplemente por el deber cívico y no por una eventual recompensa.

Los niños, sin excepción, deben saber que el respeto hacia los demás creará un ambiente de armonía y justicia, y que esta será su recompensa objetiva. Benito Juárez prócer mexicano lo dejó bien claro cuando dijo: «El respeto al derecho ajeno es la paz».

Con base en esta célebre frase quisiera mostrarles un ejemplo de algunas responsabilidades que usted podría tomar como referencia a la hora de elaborar su propia lista de responsabilidades tendientes a mantener la armonía en el hogar. Ciertamente los maestros agradecemos este tipo de compromisos, pues lo que ocurre en los hogares repercute poderosamente en nuestras aulas de clase.

Responsabilidad del niño:
- Lavarse los dientes cuando se levantan
- Tender la cama
- Alimentar a su mascota
- Bañarse

• Lista en la puerta sobre quién lo llevará a la parada de buses

Aunque esta lista parezca en algunos casos demasiado onerosa, como maestra de preescolar, puedo dar fe que un niño de 4 años ya está capacitado para hacer cosas como estas y muchas más.

3. Crea reglas en el hogar, con expectativas y consecuencias claras

Creo que todos hemos pasado por la amarga experiencia de llegar a nuestro primer día de trabajo en una empresa o sitio de labores y cometer una serie de errores involuntarios, solo por el hecho de desconocer el reglamento interno.

Esto, por supuesto, nos hace sentir torpes, incompetentes, inadecuados o frustrados. A veces incluso nos bloqueamos por completo y nos predisponemos de tal forma que, inconscientemente, nos intimidamos hasta el colmo de sentir que nuestra creatividad y aptitudes por las que fuimos contratados, no fluyen de la mejor manera.

Un manejo inadecuado de estas emociones puede eventualmente llevarnos a detestar lo que hacemos o tentarnos a tirar la toalla.

Por el contrario, conocer las reglas de juego desde el principio, nos amplifican de forma natural los límites a los que podemos llegar y nos indican cuáles son los límites de los demás, así como las herramientas y beneficios con los que contamos.

Esto es perfectamente aplicable a la vida de nuestros pequeños. Cuando ellos saben distinguir los límites y tienen presente las consecuencias de traspasarlos, van a procurar respetar consistentemente las normas en el hogar. Por experiencia propia puedo dar fe de que los niños que respetan las normas del hogar tienen una mayor probabilidad de acostumbrarse, sin traumatismos, al sistema de normas de la escuela, aun cuando estas sean diferentes a las de su casa.

No podemos olvidar, sin embargo, que el niño requerirá ser animado permanentemente. Ellos aprenden por contraste y repetición, por lo que van a necesitar que les recordemos las reglas, sin que esto signifique que los hagamos sentir incompetentes. Como adultos maduros contamos con el ejemplo como la más infalible de las herramientas. Por medio del ejemplo podemos hacer que los niños o adolescentes entiendan la importancia de las reglas en la vida de una persona, y cómo hacer para que el proceso de autogobierno en cada esfera psicosocial no sea tedioso y parezca una labor imposible de ejecutar.

En lo concerniente a las consecuencias, a los niños les resultará más efectivo procesarlas cuando desarrollan la capacidad de relacionarlas con la ofensa y conocen de antemano todo lo que les puede ocurrir cuando caprichosa o neciamente deciden ignorar tales consecuencias.

Ellos tienen que saber que no cumplir con sus responsabilidades va a acarrearles perder algún tipo de privilegio, como, por ejemplo: ser marginado de un grupo de niños durante el juego, si es que está jugando de forma insegura, tanto para él como para otros niños, así como restituir amablemente lo que dañó, destruyó, etc. Algunas de los métodos que me han resultado efectivos en el cambio de un comportamiento en el salón de clases son:

1. El método 5.1

Este fue uno de los primeros métodos que aprendí en ECE, el cual consiste en reconocer 5 comportamientos positivos en el niño por cada comportamiento negativo. Este método es altamente efectivo, ya que con tiempo y paciencia logramos reforzar el comportamiento deseado, a la par que los estimulamos a tomar decisiones correctas. Los niños, por lo general, buscan ser reconocidos y agradar al adulto.

2. El método de los recordatorios

Este método consiste en que cada día apartamos un tiempo corto para repasar las reglas de la clase y las enseñanzas sobre cómo resolver un conflicto con sus compañeros. De ese modo podemos, por ejemplo, alertar a los niños 5 minutos antes de terminar un juego para que se prepare para una actividad nueva. «En 5 minutos guardaremos los juguetes y nos dispondremos a comer la merienda». Esta clase de anuncios claros les dará tiempo de terminar las ideas, planes o proyectos en los que están trabajando, o al menos, les dará chance de prepararse para posponerlos para el siguiente día.

3. Modificación de áreas

Es común que al revisar el salón de clases descubramos algunos espacios que pueden causar la curiosidad a nuestros estudiantes, pero que también pueden resultar altamente peligrosos para ellos. En ese caso, es importante revisar nuestro entorno y mantener fuera de su alcance objetos como cables, lazos de las persianas, conexiones eléctricas, líquidos tóxicos, elementos corto punzantes, etc.

4. Dar opciones que sean asimilables al comportamiento deseado

En ocasiones tengo estudiantes que solo desean jugar con un solo objeto, o que se empeñan en ir a una sola área de juego y realizar una única actividad. En casos como estos, lo más aconsejable es ofrecerles dos alternativas de juego distintas y dejar que ellos escojan sin presiones. Luego nosotros como profesores ajustamos nuestra lección o premisa con base en esa elección.

Así, por ejemplo, si tu niño solo quiere usar la misma camiseta de Superman, la próxima vez guarda la camisa y preséntale dos nuevas alternativas. Quizás el niño muestre algún tipo de resistencia al principio, pero cuando con determinación le dices que esa camiseta de Superman no es una opción válida en ese momento, él niño en cuestión, terminará escogiendo una de las dos opciones que le estás presentando.

Esta estrategia puede ser útil en lo relativo a juguetes, comidas o lugares a donde quiere ir. La clave de su éxito está en ser consistente en todo momento.

5. Usa sus talentos y habilidades

Muchas veces me encuentro con que los niños de la clase quieren ser mis ayudantes y tener una responsabilidad que los haga sentir líderes y mentores de los demás. Y como cada niño posee habilidades, preferencias o cualidades únicas, es sumamente valioso aprender a utilizarlas en el salón de clases, para así ayudar a otros niños.

Si observas cuidadosamente a tu hijo o estudiante descubrirás con que puede ser todo un experto en temas como dinosaurios, medios de transporte, clima, juegos de pelota, construcción con bloques de lego, lecturas y matemática. De modo que usa estas habilidades naturales para incentivar su liderazgo y enseñarles sobre cómo guiar a otros de sus compañeros o coequiperos en alguna rutina específica.

Lo último que me gustaría compartir sobre el asunto de las reglas y consecuencias en el hogar, es la importancia de usar esos momentos de acercamiento en los que sabes que el niño quiere escucharte y aprender de ti. Ten presente que compartir en un ambiente más distendido sobre algunos conceptos y principios de justicia, gracia, perdón y, sobre todo, sobre la herencia de fe que deseas dejar en la vida del niño, es altamente provechoso para estimular su repertorio de sanos hábitos.

También resulta muy útil elaborar juntos una lista de convivencia para el hogar, pues esto le ayudará a tu hijo a desarrollar habilidades de cooperación en la sociedad a la que está entrando y le dará pautas efectivas para resolver conflictos.

A principio de cada año escolar suelo enseñar en mi salón de clases 3 simples reglas que abarcan todas las expectativas que nos hemos propuesto que los niños alcancen, las cuales las estoy reforzando constantemente durante todo el año. Estas reglas son:

1. *Cuida de ti mismo.* Esto les ayudará a ser independientes y, al mismo tiempo a autorregularse; es decir, comprenderán que existen lugares y objetos que por seguridad siempre van a estar fuera de su alcance.

2. *Cuida de otros.* A lo largo del ciclo escolar cada alumno desarrollará empatía y respeto por sus compañeros, maestros, familia, mascotas y procurará su máximo bienestar. Esto les permitirá ser cooperativos y compasivos.

3. *Cuida de los materiales de la clase.* Cada alumno comprenderá la importancia de cuidar su entorno, incluyendo el medio ambiente, mascotas y materiales de trabajo. Esta habilidad básicamente les permitirá crecer en su aprecio por el orden y la armonía.

CAPÍTULO 4

Plutón no es un planeta, maestra

En esta última década, más que en cualquier otra, los casos de estudiantes con necesidades especiales TEA (Trastornos del Espectro Autista) han aumentado significativamente en las escuelas o distritos en USA. El origen y las causas de algunos de estos trastornos, especialmente los que están relacionados con el desarrollo del cerebro, todavía están en investigación. De acuerdo con datos de la Red de Monitoreo de Autismo y Discapacidades del Desarrollo (ADDM, por sus siglas en inglés) y basados en un monitoreo de los informes de pediatras, neurólogos, físico terapeutas, maestros de educación especial y maestros generales de las escuelas públicas. El periódico Los Angeles Times del 28 de abril del 2018 dio a conocer un informe especial sobre estos estudios.

En primer lugar, quiero dejar claro que no siempre tendremos las respuestas a muchas de las preguntas de la vida. Por lo tanto, no es mi intención ser concluyente ni reduccionista en cuanto al caso que me aboco a contarles, pues mi único propósito es relatar mi experiencia y demostrar que a pesar de que los comportamientos de nuestros niños puede llegar a ser algo complejo, a la vez puede ser una experiencia enriquecedora, si se asume desde la óptica del amor y la esperanza.

Joseph es un niño de 5 años que a su corta edad ya había pasado, por lo menos, por 6 pre-escolares y 10 guarderías diferentes. Su situación era tan particular, que sus padres no podían estar menos que preocupados.

A esto se sumaba el hecho de que sus padres estaban pasando por un divorcio difícil, y a que debían hacer verdaderos malabares para sacar el tiempo y cuidar a sus otros dos hijos. Para rematar, los horarios de trabajo de ambos no concordaban para poder mantener a Joseph en casa y los gastos familiares estaban al borde del colapso, debido a los costosos tratamientos médicos y citas con especialistas que Joseph había estado visitado en el último año, sin que todavía recibiera un diagnóstico definitivo.

Pero, aunque la situación de Joseph seguía aún en estudio, lo cierto es que muchos rasgos de su comportamiento apuntaban a los mismos síntomas que describen el autismo. La mera sospecha de esta posibilidad hacía que el estrés y preocupación de sus papás fuera mucho mayor. La situación de esta familia me impactó tanto, que pronto comencé a ser parte de su dolorosa situación.

En ese momento yo trabajaba en una escuela privada que estaba en el proceso de adoptar la filosofía Montessori, cuya filosofía de aprendizaje básicamente se dedica a fomentar un ambiente ordenado y sencillo, con actividades que promueven la independencia, la socialización y respeto por la naturaleza y la solidaridad. El trabajo pedagógico en los salones Montessori consiste en que el niño aprenda a partir de sus intereses personales de manera libre y espontánea, pero dentro de ciertos límites comportamentales. En ese orden de ideas, el maestro o tutor es un observador que estimula en los niños la curiosidad y la disciplina, a través de la confianza en sí mismos.

La directora de dicha escuela era una apasionada del método Montessori y estaba realmente comprometida con la educación de los estudiantes de nuestra ciudad.

Para ella el caso de Joseph era sencillamente sobrecogedor y preocupante, especialmente porque no se veía un mayor compromiso por parte de las otras instituciones educativas donde Joseph había estudiado, en investigar qué era lo que sucedía con el niño, y solo se limitaban a aplicarle espurios métodos disciplinarios a su conducta.

Joseph fue admitido en nuestra escuela con el compromiso que sus padres iban a hacer todo lo posible por mantenernos al tanto del diagnóstico de los médicos para, de esa forma, tener más claro el horizonte sobre cómo podríamos ayudarlo en clase.

Joseph llegó a mi salón a la mitad de año escolar en medio de una gran expectativa y preocupación de mi parte, pues la única información que tenía entre manos en ese momento, eran los informes de las intervenciones por el comportamiento del estudiante, así como su historial disciplinario, llamadas de atención y un posible diagnóstico clínico sin confirmar.

Recuerdo que cuando Joseph entró al salón muchas cosas como ruidos, olores, sabores, colores y texturas resultaron increíblemente nuevas para él, las cuales se convirtieron, desde el primer día, en un detonador de su comportamiento, ya que las rutinas eran esenciales en su diario vivir.

Algo para resaltar, es que Joseph lloraba constantemente, se golpeaba la cabeza, trataba de huir del aula de clases, gritaba y arrojaba objetos por doquier, por lo que seguir normas y reglas era una misión imposible para él. Además, él no mostraba ningún interés en jugar con otros niños y tampoco parecía tener empatía hacia las emociones de otros estudiantes.

Las primeras semanas fueron agotadoras y emocionalmente desgastantes para todos en general. La situación llegó a ser tan intensa, que por primera vez empecé a cuestionarme si había escogido la carrera adecuada, o si estaba lo suficientemente preparada para mis estudiantes y todas las responsabilidades y tareas que implica la docencia. Era tanto el sentimiento físico y emocional, que contantemente me preguntaba si valía la pena los esfuerzos, las noches de trasnocho preparando las clases o inclusive el salario que ganaba.

Sentía cómo los sentimientos de frustración e impotencia me iban doblegando anímicamente hasta el punto que no tuve más alternativa que ponerme en modo piloto automático y tratar de sobrevivir hasta que terminara el año escolar.

En medio de ese panorama desconsolador en lo referente al caso de Joseph, hubo un hecho que se presentó, casi de manera providencial, como un ancla de salvación en medio de tanto desconcierto.

Entre los nuevos materiales que habíamos recibido los maestros ese año para desarrollar nuestras clases en el salón estaba una caja grande que llamó la atención de Joseph desde que la vio por primera vez. Esta caja contenía desde fotos satelitales del Sistema Solar, rompecabezas, globo terráqueo, estrellas y mapas geográficos. Así que, en un chispazo de lucidez, decidí aprovechar su aparente interés para introducir un nuevo tema de ciencias sociales en el salón de clases.

Realmente no tuve que hacer mucho esfuerzo para captar la atención y curiosidad de los niños, ya que apenas les expresé los lineamientos de la clase todos reaccionaron con mucha emoción e interés. Acto seguido, los invité a que hicieran un círculo y, como preámbulo, los sondeé brevemente para saber qué tanto sabían sobre la materia que íbamos a tratar. Realmente quería medir el foco de interés de mis estudiantes y saber qué cosas le causaba curiosidad respecto al tema en cuestión, para tenerlo en cuenta a la hora de preparar las lecciones de las próximas semanas.

Quiero hacer la salvedad que para ese momento yo todavía tenía grabada en mi memoria muchos de los datos sobre astronomía que aprendí durante mi primaria, y que correspondían a los datos científicos disponibles para la época, los cuales, por supuesto, han variado considerablemente con el trascurrir del tiempo, gracias a los nuevos descubrimientos científicos.

En fin, confiada en que lo que mi maestra me había enseñado todavía teniendo vigencia científica, comencé mi clase diciendo muy orondamente que nuestro Sistema Solar se componía de 9 planetas a saber: Mercurio, Marte, Venus, Tierra, Júpiter, Saturno, Urano, Neptuno y Plutón.

Es entonces cuando un milagro aparece de la nada, gracias al cielo y a mi ignorancia. De pronto el callado y distraído Joseph interviene para contradecir lo que yo acababa de afirmar.

—Maestra, son solo 8 planetas.

—¿Cómo dices, Joseph? —contesté completamente sorprendida, no tanto por corregirme, como por su inesperada intervención en clase.

—Sí, maestra; son 8 planetas, no 9.

Un momento, ¿me perdí de algo? Por un instante sentí que mi cabeza se convertía en un barullo de inquietud. «¿Cómo es posible que el pequeño Joseph sepa algo que yo desconozco?», me pregunté entre dudosa y confundida. «¿A qué se debe que este tema le cause tanto interés como para motivarlo a hacer algo que nunca había hecho: participar en clase?». Sin poder dar crédito a lo que estaba ocurriendo, le pedí que nos explicara sus conocimientos sobre el tema.

Joseph, con una lucidez mental y un aplomo verbal desconcertante, nos aclaró enseguida que hacía ya algún tiempo los científicos habían descubierto que Plutón no es un planeta por carecer de una órbita dominante.

Sus compañeritos no estaban tan impactados con esta nueva información, en cambio yo estaba completamente anonadada, casi en *shock*. ¿Cómo es posible que este pequeñito sepa esto? ¿Desde cuándo lo sabe? ¿Por qué Joseph sabía este dato y yo no? ¿Por qué nadie me lo había dicho? ¿Sabrá de lo que está hablando o solo lo repite de algún lado?

Realmente estaba tan sorprendida y admirada por lo que inesperadamente había sucedido en clase con Joseph, que, al momento del receso, mientras los demás niños se iban a jugar, le pedí que me ayudara a organizar nuestros nuevos materiales. Joseph, por supuesto, aceptó encantado.

Mientras los desempacaba, su atención rápidamente quedó prendada de los afiches con las fotos del Sistema Solar. Luego, llevado por un entusiasmo que jamás le había visto en el tiempo que llevaba en mi clase, comenzó a mostrarme la localización exacta de los planetas en el Sistema Solar, y a describirme sus características principales, y cuál era su favorito.

—Mira maestra, esta es la Tierra —dijo señalando su ubicación en el mapa—. El planeta azul es mi favorito, porque el azul es mi color preferido y además porque aquí es donde vivo.

Yo no podía más que estar sorprendida, pues el momento que tanto había esperado para tener una conexión con Joseph había ocurrido de la manera que menos había imaginado. Aunque sabía de antemano que los juegos lúdicos son una herramienta pedagógica de incalculable valor, todavía no era consciente plenamente de lo útil que pueden resultar como terapia psicopedagógica para los chicos con la misma condición de Joseph.

Aquella experiencia con este chico y su no siempre bien ponderada condición me marcó tanto, que desde ese día me propuse estudiar más detenida y juiciosamente las características de cada estudiante.

A partir de entonces, antes de comenzar cada clase, despliego todo un arsenal de posibilidades tendientes a desentrañar la mente y corazón de cada niño, a fin de lograr una mayor aproximación con su realidad y los posibles dilemas relacionados con su edad o proceso formativo.

Creo que nuestra labor como educadores no solo consiste en escoger muy bien los temas y materiales de nuestra enseñanza, sino en conocer la mente, el alma y corazón de quienes van a ser los receptores de esas enseñanzas. Esa simbiosis procedimental marcará la diferencia entre una formación transaccional de una verdaderamente transformacional. Mientras la primera se ocupa de números y resultados, la segunda se erige en la dignidad del individuo y sus potenciales escondidos.

Algunas de las lecciones que aprendí a partir del caso de Joseph están enmarcadas dentro de las siguientes conclusiones:

Errores que cometí desde el comienzo

1. No estaba preparada para la llegada de Joseph

Ciertamente yo necesitaba tener más información acerca de los intereses de mi estudiante; es decir, saber qué le gustaba, qué le apasionaba, cuál era su foco principal de atención. Creo que me ocupé mucho de la forma y descuidé el contenido. Sin embargo, si previo al arribo de Joseph me hubiera capacitado mejor o hubiera consultado algún tipo de material acerca del TEA y sus condiciones concomitantes, no solo me hubiera ahorrado aquel caudal de incertidumbre por el que pasé, sino que hubiera logrado una conexión con su mente y corazón desde el comienzo.

2. No preparé a mis estudiantes para la llegada de Joseph

Esta ausencia de contexto hizo que ellos reaccionaran con más curiosidad e inquietud, que con solidaridad y comprensión.

3. No prepararé información para las familias que tenían preguntas

Un niño con la condición de Joseph puede generar reacciones inadecuadas en los padres o familiares de los demás estudiantes.

4. El salón de clases no estaba adaptado para las necesidades de Joseph

Después de vivir en carne propia una situación como la relatada aquí, me hizo comprender la importancia de crear un ambiente escolar acertado para niños como Joseph. En ese sentido, crear un ambiente de bienvenida apropiado puede marcar la diferencia desde el día cero, y ayudar a que los estudiantes y las familias se adapten más rápidamente a las nuevas rutinas.

Es claro que la vida siempre nos sorprende con agradables e inesperadas experiencias; sin embargo, esto no quita que el camino sea al mismo tiempo áspero y enmarañado. Nuestra labor como docentes o tutores, va a implicar que muchas veces nuestras fuerzas mengüen o se debiliten, o que, incluso, nuestra misión formadora como maestros, padres, abuelos, etc., se vea como una cuesta demasiado inclinada e intimidante. La clave para no dejarnos avasallar por los desafíos del camino está en mantener muy bien aceitada nuestra capacidad de adaptación y aprendizaje.

Actitudes observadas en la familia y sus cuidadores

1. Las familias buscaron cómo informarse más adecuadamente después de que el diagnóstico de Joseph dio buena cuenta de su condición. Por cierto, la información está al alcance de un *click*. Herramientas como Internet, seminarios, libros, grupos de apoyo en la comunidad y maestros de escuelas pueden ser de gran apoyo en la búsqueda de información precisa y confiable. Sin embargo, trate de no sobresaturarse.

2. Las familias se conectaron con otras familias que tenían niños diagnosticados con TEA. Ahora ellos ya tienen mayor experiencia, materiales informativos y conocen a los profesionales de su localidad, los cuales han sido de gran respaldo para ayudarles a pasar las primeras etapas que pueden ser las más difíciles cuando se desconoce el autismo.

3. El tener un niño diagnosticado con TEA produce gran incertidumbre a las familias, al punto de convertirse

en una pesada carga de desconocimiento que, eventualmente, puede causar estrés en los matrimonios y demás miembros de la familia.

Aunque las familias con las que trabajé pasaban por tiempos muy difíciles debido a los costos de los tratamientos, viajes, citas médicas y otras situaciones, buscaron asesoría profesional para crear una nueva normalidad entre ellos. Algunos cambiaron prioridades, sacaron tiempo para descansar y renovar fuerzas, buscaron ayuda espiritual y le dieron prioridad a la familia por encima de otras actividades.

4. Cada caso y familia es diferente y en el desespero por encontrar respuestas podemos frustrarnos. Preguntas como: ¿lo estamos haciendo bien?, ¿nuestro hijo podrá aprender?, ¿estamos haciendo todo lo necesario por nuestro hijo?, ¿cómo mantengo un balance en cuidar a mi hijo y mantener una vida normal?, ¿estamos descuidando nuestro matrimonio y nuestros otros hijos?, puede llegar a convertirse en una insuperable piedra de tropiezo si se hacen dentro de un contexto de pesimismo exacerbado.

Por fortuna, muchas de las familias con las que trabajé me enseñaron «que está bien no estar bien», es decir, que está bien si la casa no luce perfectamente organizada todo el tiempo, al igual que las comidas o la ropa. Estas preciosas familias encontraron su prioridad en construir un ambiente saludable y seguro siendo muy positivos y mirando el futuro de sus hijos a través de los lentes de la fe y la resiliencia. En ese sentido, dejando atrás la presión social y personal que puede traer cualquier diagnóstico médico, para asentar su estado anímico en una fuente superior de seguridad y confianza.

Lecciones que aprendí con Joseph, gracias a los profesionales que me guiaron

1. Cada situación diaria es una oportunidad de aprendizaje de nuevas habilidades que le ayudarán a los chicos en esta misma condición a desarrollar un mayor sentido de independencia en la etapa adulta.

2. Crear jornadas escolares predecibles donde no haya exceso de actividades para que el niño pueda predecir el siguiente paso en su día en la escuela.

3. Mantener una comunicación fluida con las familias y profesionales acerca de las nuevas rutinas y cambios en el salón o el hogar.

4. Reconocer los factores que provocan cambios bruscos en el comportamiento del niño, como: la luz, sonidos, sabores, olores, cambios repentinos en sus actividades cotidianas, divorcio, separación o pérdida de un familiar.

CAPÍTULO 5

Maestra, se me quedó la mochila

Validación es un término que, por lo general, se usa para darle peso legal a un documento, corroborar la autenticidad de un producto, título universitario o simplemente para verificar la legitimidad de algo.

Lupita llegó a la escuela tan enojada que ni siquiera quiso despedirse de su mamá con el habitual gesto de camaradería de todos días. A pesar de mi evidente sorpresa por la inusual acritud en los ánimos de Lupita, su madre no tuvo tiempo de explicarme qué le había sucedido a su hija esa mañana, pues iba un poco de afán a comenzar su rutina laboral.

Pero antes de explicarles los motivos de la áspera animosidad con la que la niña llegó a la escuela aquel día, permítanme ponerlos un poco en contexto.

Lupita, aparte de ser una de mis alumnas más aventajadas y prometedoras de la clase, también era cantante y bailarina del grupo musical de la escuela, y por los últimos seis meses no dejaba de tararear un segundo *¡Let it Go!* (*Libre soy* en la versión en español) de la película *Frozen* de Disney. Era tanta su obsesión con la melodía de esta banda sonora, que muchas veces sentí—sin exagerar— que me iba a enloquecer de tanto escuchar a la pequeña Lupita tararear el mismo sonsonete. Les confieso que hasta tuve pesadillas con esta canción de tanto escuchársela cantar a Lupita (esto, por supuesto, nunca se lo dije a mis alumnos).

En fin, como lo usual era que cada mañana Lupita llegara de buen humor al salón de clase e irradiando felicidad por cada uno de sus poros y tarareando, cual *rockola* infatigable, la canción en cuestión, me extrañó muchísimo que aquella mañana llegara a la escuela de malas pulgas, con el ceño fruncido y con la irritabilidad propia de una adolescente en plenos fragores de la pubertad, a la que ninguno de sus compañeros podía acercársele porque entonces reaccionaba agresivamente tirando al piso los juguetes o cualquier material que tuviera en frente.

Mi curiosidad por saber qué le había sucedido a mi sanguínea alumna creció a borbotones a medida que trascurría la mañana y Lupita seguía con el gesto adusto, sin cantar ni bailar ni dar la más mínima señal de la niña dicharachera, tierna, chistosa y amigable que todos conocíamos. Ni siquiera los juguetes o los chocolates que tanto le gustaban servían como antídoto contra su creciente antipatía y desaliño emocional.

—¿Qué le estará pasando a mi estrella de *American Idol*? —me preguntaba para mis adentros, a medida que las incendiarias reacciones de Lupita iban en aumento.

Ni siquiera había trascurrido una hora de clase cuando supe que no podía darle más largas al asunto y que tenía que hablar en privado con Lupita, antes de que su comportamiento se volviera inmanejable. Por las características de su comportamiento, comprendí enseguida que no debía intervenirlo solo a partir de mis buenas intenciones. Entendí también que debía asesorarme cuanto antes con la psicóloga de la escuela y elaborar con ella un plan de acción tendiente a desentrañar la insólita conducta de Lupita y evitar así que esta siguiera afectando a sus compañeros, maestros y, en última instancia, la armonía de la clase.

El poder de la validación de las emociones
para crear una sana autoestima

Validación es un término que, por lo general, se usa para darle peso legal a un documento, corroborar la autenticidad de un producto, título universitario o simplemente para verificar la legitimidad de algo. En cuanto a la situación con Lupita, era evidente que debía hacer un reconocimiento previo de las emociones por las que estaba atravesando Lupita si realmente quería entender a cabalidad por qué ella estaba actuando de esa manera.

Y aunque suena fácil decirlo, la verdad es que el concepto «aprender a validar emociones» me llevó varios años de investigación y práctica, hasta finalmente lograr entenderlo. En ese orden de ideas, la situación de Lupita, no solo sirvió para concientizarme de la importancia de poner en contexto las emociones de mis alumnos y encauzarlas adecuadamente, sino que de manera indirecta sirvió de parangón para desentrañarme a mí misma y comprender por qué siempre había tenido la tendencia a decepcionarme tan fácilmente cuando mis emociones, sentimientos, intuiciones, opiniones, esfuerzo o gustos personales eran motivo de crítica, burla, sarcasmo o simplemente eran ignorados. Comprendí la génesis de mi soterrada predisposición a replicar en otros mis propias emociones y comportamientos bajo la innoble premisa de «si yo aprendí a golpes usted también puede», «supéralo, así como yo lo superé» o «no sea tan dramático», «deje el show que no hay tarima», etc.

El modelo máximo de validación emocional

Lo interesante de todo este proceso de aprender sobre la importancia de validar emociones, fue que no tuve que esculcar demasiado en el vasto repertorio del conocimiento universal para descubrir en la persona de Jesucristo al modelo más preclaro de validación emocional.

Después de meditar en aquellos pasajes de los evangelios donde Jesús interactuó con los niños, me quedó claro que Jesús se acercó a ellos de una manera que resultaba inconcebible o por lo menos insólita. Creo que Jesús lo hizo así para dejar por sentado que ellos, independientemente de su edad, también necesitaban estar cerca de alguien que los escuchara sin prejuicios o que interactuara con ellos por fuera de los formalismos propios de la época, y que jugara con ellos y estableciera vínculos de camaradería que propiciaran el reconocimiento de sus emociones.

Jesús fue tan determinante en este asunto, que les recordó a sus discípulos, con tono perentorio, que uno de los requisitos indispensables para entrar en el reino de Dios era ser como un niño.

No tenemos que adentrarnos demasiado en los espinosos terrenos de la alta teología para percibir en las palabras del Maestro el sentido de la validación en su estado más puro.

Con relación a lo anterior, recuerdo que en el año 2010 asistí en el estado de Colorado a una conferencia con la doctora Marianne Neifert, la cual para la época era reconocida como una de las pediatras con mayor autoridad y reconocimiento en los Estados Unidos en el tema de la crianza de los hijos, reconocimiento que había crecido exponencialmente gracias a la publicación de varios libros sobre el tema de la infancia, entre los que resaltaba el «best seller» *Dr. Mom, prescripción para Pres-escolares.*

Pues bien, en dicha conferencia la Dr. Mom, como era conocida la doctora Neifert, enfatizó sobre la importancia de validar las emociones de los niños en el proceso de su formación temprana. Según ella, las emociones de los infantes son un ámbito muy sensible y maleable, y una inadecuada aproximación a sus estructuras pisco-anímicas puede acabar afectando significativamente su desarrollo.

Lo que entendí en la conferencia con la doctora Neifert es que validar no significa convalidar de manera *per se,* sino más bien aprender a reconocer el asiento que le da soporte a dichas emociones para poderlas encauzar eficazmente antes de que estas migren a las sutiles marismas de la rebelión, la agresividad o la apatía.

En este sentido, nuestra labor como adultos o tutores no es actuar movidos por las primeras impresiones ni por la resonancia ígnea de ciertos comportamientos, y en cambio se trata de actuar bajo la comprensión sensible de aquellas actitudes animosas que no parecieran tener una explicación inmediata. Con esto lo que quiero decir es que las malcriadeces repentinas y las reacciones virulentas no se sofocan repartiendo descalificativos a priori, sino creando válvulas de escape que permitan los desfogues y las descompresiones anímicas.

Esto solo se logra creando ambientes de confianza donde los chicos puedan expresar sus frustraciones, iras y sentimientos sin que se sientan juzgados ni descalificados. Cuando un niño puede verbalizar y razonar con alguien que le genere empatía sobre lo que le desconcierta y le confunde, rápidamente aprende a reconocerse a sí mismo y a lidiar con sus tormentos pasajeros de una forma que les resulte apaciguadora y reconfortante.

Pensar en cómo Jesús se aproximó a los niños y recordar las palabras de la doctora Neifert, me dieron las coordenadas sobre cómo debía actuar ante el impotable comportamiento de Lupita.

Esa mañana, en vez de dejarme arrastrar por su flamígera reacción, mantuve la serenidad para invitarla a un lugar lejos de todas las miradas donde pudiéramos hablar desenfadadamente de lo que le sucedía. Después de caminar un rato fuera del salón, nos sentados en torno a un pequeño vado de arena y comenzamos a jugar sin proferir una sola palabra.

Después de un rato de intercambiar suspiros, miradas y gestos de simpatía, comencé a describir para mí misma aquellas actitudes que veía en Lupita: «Ah, qué calor... estoy enojada... no quiero hablar con nadie... todos me molestan y no saben lo que me pasa... esta mañana ni siquiera quería venir a la escuela, solo quería llorar».

Extrañada, Lupita se queda mirándome fijamente, como si no pudiera dar crédito a mis palabras. Luego suspira y me pregunta:

—¿Tú también, maestra?

—Sí, yo también, Lupita.

Fue así como Lupita se sintió en confianza de comenzar a deshilvanar la madeja de su malhumor.

—Maestra, estoy molesta porque olvidé mi mochila y mi mamá no me dejó devolverme a casa por ella. Esta mochila es muy importante para mí, pues ahí guardé con mucho cuidado algo que ayer hice con mi nana y que quería mostrarte… Mamá dice que te lo muestre otro día, pero yo realmente quería mostrártelo hoy.

Después de unos minutos donde mi atención fue exclusivamente para la pequeña Lupita, entendí que lo más importante en ese momento era el valor que yo le estaba dando a sus memorias, recuerdos o aquellos pequeños detalles que ella había estado construyendo con su nana y que no habían sido tenidos en cuenta por su mamá, sus compañeros de clase o incluso por mí. Sin embargo, al crear un ambiente de confianza donde ella podía expresar su frustración sin sentirse prejuzgada, la apaciguó interiormente.

Sobra decir que cuando regresamos al salón de clases, su actitud había cambiado de la tierra al cielo. Lo supe porque enseguida empezó a tararear a todo pulmón el estribillo principal de *Let it Go*. Por cierto, nunca imaginé que escuchar aquella dichosa canción hiciera sentirme tan feliz.

Una mochila no es solo una mochila

¿Qué se puede encontrar en la simple mochila de un niño? ¿Lápices?, ¿cuadernos?, ¿colores? ¿borradores?, ¿acaso los rastros de alguna golosina a medio terminar?... Creo que mucho más que eso. En sus mochilas los niños guardan, a modo de pequeños tesoros, todo lo que ellos aman, valoran, lo que los ilusiona o los enternece, lo que desean compartir con sus compañeros o lo que quieren guardarse para sí.

En síntesis, en sus mochilas los niños guardan sus descubrimientos del mundo, lo que conocen y desconocen de sí mismos, además de sus primeros proyectos en la vida, secretos de infancia y un sinfín de objetos que les causan curiosidad o que hacen parte de un momento crucial en sus tiernas vidas.

Esto lo sé porque en mis años de trabajo en educación para la «primera infancia» he sido testigo de la lista interminable de interesantes objetos que mis estudiantes guar-

dan en sus mochilas, las cuales van desde residuos diseca-
dos de insectos, comida echada a perder, calcetines sin su
par, documentos de la oficina de sus padres, la dentadura
de la abuela o hasta algún peregrino objeto de colección, de
alguno de sus abuelos.

Cada uno de estos objetos, por bizarros o insignificantes
que parezcan, de alguna manera se convierten con el tiempo en puntos de anclajes de su proceso formativo, en articu-
ladores de su identidad, de sus memorias, sueños, y hasta
de sus pesadillas más sentidas de la etapa adulta.

Es interesante, pero, creo que todos, independientemente de nuestro sustrato cultural o educativo, tenemos
una mochila, una bolsa, un paquete, una cajita de zapatos
o algún rinconcito de la casa que es solo nuestro; tesoros
invaluables que conservamos con especial afecto y que solo
compartimos, eventualmente, con aquellas personas que
sentimos muy cercanas a nuestros afectos.

En el caso de lupita, ella guardaba una memoria con su
nana y no hallaba la hora de poder compartirla con su profesora Lucha. ¡Qué privilegio!

Es este hecho maravilloso, el que le da realce a este relato. Sabemos que nuestra labor educativa es significativa
y promisoria en la medida que nuestros alumnos sientan
una emoción especial al querer compartir sus pequeños

tesoros con nosotros. Y aunque no es mi propósito ser ufanamente idealista o simplista en este hecho, sí quiero hacer constar que nuestra labor pedagógica no se reduce exclusivamente a los pragmáticos formalismos de la educación intelectual, pues, como sabemos, nuestros alumnos no solo son una mente en ebullición, sino todo un extenso entramado de realidades psico-afectivas en proceso de expansión, que por nada del mundo son ajenas a la órbita del profesor.

En ese orden de ideas, debemos tener la experticia de saber cómo y cuándo poner cierto material cognitivo en sus incipientes mentes, sino también enseñarles a lidiar con sus emociones y con los ruidosos duendecillos del egoísmo, la hipersensibilidad, la frustración, el temor, la ira o la ansiedad.

Aunque perfectamente hubiera podido asumir la anécdota de la mochila de Lupita como una contingencia irrelevante entre las muchas que debemos enfrentar a diario en nuestras atropelladas rutinas de clase, lo cierto es que aquel día reflexioné mucho en Lupita y su olvidada mochila. Comprendí el poder que tienen las pequeñas cosas en la vida de nuestros estudiantes; entendí que esto no es nada nuevo, sino algo presente a lo largo de los siglos.

Una rupestre vara en las manos de Moisés, por ejemplo, tuvo mucho más impacto en su psicología, que los muchos años de formación formal en casa del faraón. Una insignificante honda en las manos de un jovenzuelo llamado David, llegó a convertirse en el dilecto instrumentó que marcó su identidad y destino. Cinco panes y dos peces en la canasta de un niño, sirvió, a la postre, para alimentar una multitud. Una deslucida y humilde cruz enclavada en lo alto del monte de frondio nombre, se convirtió, contra todo pronóstico, en la más noble y poderosas de las hazañas conocidas por el ser humano.

No. Una mochila, no es solo una mochila. Y aunque su interior pueda ser un pequeño caos de objetos diversos, dentro de ese surtido universo de posibilidades posiblemente se encuentre la pieza que hace falta para completar el rompecabezas de una gran historia.

Quizás el premio más grande como docente, lo recibas un día de estos cuando alguno de tus estudiantes quiera mostrarte el pequeño tesoro que guarda en su mochila.

CAPÍTULO 6

SOS

«Un mundo sin fronteras y hogares sin paredes»

Opal Singleton

Mientras escribo este libro el mundo está atravesando, quizás, por una de las etapas más difíciles de la historia contemporánea por culpa de una pandemia que ha logrado penetrar las más altas esferas de la sociedad y asestar (si se me permite el término) una goleada a los más expertos en materia de salud, logrando así, no solo desestabilizar la economía de los países más estables desde el punto de vista económico, sino crear una atmósfera de temor y desesperanza casi generalizada.

Pero mientras sorteamos esta cuarentena desoladora, otra triste realidad empieza a reflotar en el mundo de las estadísticas y es la que tiene que ver con la pavorosa proliferación de otro peligro posiblemente más aterrador y lesivo que el virus en cuestión.

Para nadie es extraño que el coletazo de la pandemia ha reconfigurado la vida humana a unas velocidades para las que nadie estaba preparado desde el punto de vista psicosocial, al convertir de la noche a la mañana los hogares en el epicentro obligado de la vida social, laboral y estudiantil. Y aunque esto pareciera ser plausible desde muchos puntos de vistas, lo cierto es que detrás de los aparentes beneficios que nos ha dejado esta cuarentena universal, se esconde un enemigo más ponzoñoso y cruel que todos los virus juntos que han azotado a la humanidad a lo largo de la historia.

Me refiero específicamente al aumento exponencial de los depredadores sexuales dentro del ámbito familiar. ¿Pero cómo puede ser posible esto si hoy más que nunca las familias están unidas y permanecen juntas prácticamente las 24 horas del día?

La paradoja surge en el hecho de que, aunque ahora las familias están confinadas y protegidas físicamente del mundo exterior por las paredes de ladrillos, mental y emocionalmente, seguimos hiperconectados con el mundo exterior por medio del Internet. En palabras de muchos sociólogos el mundo actual se ha convertido en una multi-diversa aldea global sin paredes, puertas o ventanas. O dicho en otros términos, donde las puertas y ventanas son el Internet y sus diferentes expresiones de conectividad. Y al ser este el eslabón tecnológico que nos mantiene integrados a las diferentes esferas de la sociedad, se convierte automáticamente en una ambivalente vía de acceso por la que nos conectamos con lo mejor y lo peor del mundo exterior.

Lo más increíble de esta hiperconectividad exacerbada es que no existe distanciamiento social ni mascarillas protectoras o geles antibacteriales que valgan contra la inmoralidad rampante en el insondable espectro del mundo virtual. Esto explica por qué nosotros y, sobre todo nuestros niños, estén tan expuestos a todo tipo de seducciones y curiosidades peligrosas.

Si bien no podemos desconocer lo favorable que puede llegar a ser el Internet como herramienta de trabajo, estudio, sano entretenimiento o medio de interacción social, tampoco podemos ser ingenuos e ignorar que con los innegables beneficios de la red llegan camuflados peligros de todo tipo y para los que las familias no están debidamente preparadas. De ahí que las estadísticas indiquen un aumento preocupante de los casos de ciberacosadores y depredadores sexuales, que valiéndose de todo tipo de artilugios y técnicas de aproximación se ganan la confianza de los niños para atraerlos a su siniestra red de inmoralidad. Y lo más triste de todo, es que esto suele ocurrir en plena nariz de los padres.

A esto hay que sumarle otra realidad y es que la pandemia ha acentuado una crisis económica sin precedentes en los últimos ochenta años, obligando a muchos padres de familia a dejar a sus hijos bajo el cuidado de familiares o personas que creemos tienen la buena intención de ayudarnos, pero que en no pocos casos, terminan convirtiéndose en sus más encarnizados verdugos.

Y aunque no es mi intención generalizar, ni mucho menos poner en tela de juicio la idoneidad o buenas intenciones de todos los adultos que se ofrecen a cuidar a niños de sus entornos familiares, lo cierto es que las estadísticas demuestran que el porcentaje de abuso infantil por parte de familiares o personas muy allegadas a las familias es muchísimo más alto que el abuso proferido por personas ajenas al núcleo familiar cercano. Esto se debe primordialmente al factor confianza en el que el abusador suele escudarse para llevar a cabo sus perversos objetivos.

De acuerdo a un informe de la Organización Mundial de la Salud, publicado el 8 de Junio 2020, una de cada cinco niñas y uno de cada trece niños reporta haber sufrido algún tipo de abuso de índole sexual durante su infancia. Hay que tener en cuenta, sin embargo, que estas estadísticas solo revelan la cruda realidad de países que la OMS considera de bajos recursos; es decir, que en este marco estadístico no están reflejados los países desarrollados, donde la taza de abuso sexual, maltrato y tráfico infantil también son preocupantes.

El caso de Samantha

Sin duda este es el capítulo que más dificultad me ha costado escribir de este libro desde el punto emocional, pues toca una cruda realidad que no hace distinción entre nacionalidad, raza o nivel socioeconómico. Antes de contarles la historia de Samantha ocurrida hace más de veinte años, quiero dejar constancia que lo hago con el permiso expreso de la protagonista.

Maritza es una de esas tantas madres solteras que ante la sorpresiva responsabilidad de tener que criar a una hija sola y atravesar por una situación económica apremiante, se vio obligada a dejar a su pequeña hija Samantha de cinco años al cuidado de doña María, su vecina, mientras ella se las arreglaba para trabajar la mayor cantidad de horas posibles y así poder hacerle frente a su desesperante situación.

María acordó con Maritza cuidar y alimentar a su hija durante las mañanas, así como llevarla a la parada de la ruta escolar y recogerla en el mismo sitio después de clase.

Pues bien, todo trascurrió según lo acordado sin contratiempo alguno, hasta una tarde en la que Samantha notó que su vecina y cuidadora no había venido a la parada del bus como todas las tardes, y que en su lugar había venido a recogerla Miguel, un adolescente de 17 años que por esa época vivía en casa de doña María.

Una vez en la casa, la pequeña Samantha se extrañó aún más de que la cuidadora no estuviera en casa. Cuando le preguntó a Miguel por doña María, este le respondió que había salido a hacer unas diligencias y que no tardaba. Miguel dejó a la pequeña Samantha en la sala viendo la tele, mientras él se iba a su cuarto.

No habían pasado diez minutos cuando escuchó que Miguel la llamaba desde su habitación. Sin advertir lo que iba a sucederle, Samantha acudió al llamado de Miguel y fue ahí donde comenzó su tragedia.

Al entrar a aquella habitación, la indefensa niña se encontró con una escena perturbadora; vio que Miguel yacía semidesnudo sobre la cama en una posición lasciva (aunque el significado de esa palabra solo lo entendería cabalmente mucho después) que la estremeció de pies a cabezas. En palabras de Samantha, ver aquello fue como si le asestaran un golpe en la cabeza que la dejó noqueada y a merced de las oscuras intenciones de aquel muchacho.

Aunque hubiera querido salir corriendo, su voluntad era tan dócil y maleable como para activar cualquier mecanismo de defensa. No pudo salir corriendo, porque con cinco años un niño aún no sabe que puede huir, gritar, pedir ayuda ni mucho menos sabe cómo poner a salvo su inocencia. Antes de que pudiera siquiera reaccionar, ya su verdugo la había agarrado de la mano y la arrastraba impúdicamente al lecho del oprobio.

A Samantha se le quiebra la voz y se le opaca la mirada al intentar poner en palabras aquel vergonzoso recuerdo. Lo único que puede decir con una certeza absoluta, es que varios minutos después la inocencia había escapado de su alma como una bandada de pájaros y que en su lugar le dejaba el más horrible de los miedos. Miedo que creció como la espuma cuando Miguel la amenazó con decirle a su madre que ella había sido quien lo había buscado en la habitación y provocado aquel hecho vergonzoso.

El solo hecho de sentir el peso de aquella cruel amenaza retumbando en su cabecita de niña asustada la hizo mucho más vulnerable y maleable a los oscuros apetitos de Miguel. Fue a causa de ese temor efervescente que Samantha no halló cómo repeler al ciclo de abusos al que Miguel la sometía cada vez que regresaba de la escuela y doña María no estaba presente para defenderla de la ponzoña salaz de su victimario.

Ciertamente el abuso sexual no solo deja su estela destructora en la psiquis profunda de las víctimas, sino que se exterioriza en los comportamientos más elementales.

En el caso de Samantha, pronto comenzó a manifestar unas actitudes agresivas inexplicables y una hipersensibilidad pendular que la llevaba del ensimismamiento más profuso a la exaltación de ánimos más belicosa. Y aunque su madre Maritza atestiguaba entre confundida y preocupada cómo su pequeña hija pasaba de ser una niña tierna y amorosa para convertirse en una niña rebelde, contestona y con un rendimiento escolar que iba en caída libre, no sabía a qué achacarle la repentina metamorfosis en el comportamiento de su hija. Por labios de su maestra supo que Samantha no solo había desmejorado mucho en su nivel académico, sino que de que un tiempo para acá se negaba a ir a casa y solo quería estar a su lado y acompañarla a donde ella se movía.

Samantha nunca pudo hablar con su madre de lo que sucedía en casa de doña María, pues el pánico, la vergüenza y un sentimiento de suciedad le impedían sacar a la luz el infierno por el que estaba pasando. Maritza tampoco supo hallar una explicación lógica a los cambios tan drásticos de comportamiento de su hija, y aunque muchas veces consideró la posibilidad de consultar con un psicólogo, sus estrechas posibilidades económicas nunca le permitieron concretar ese deseo. «Ya se le pasará», se decía para sí misma en un intento por sofocar su desconcierto. «Al fin de cuentas todos los niños son así».

La situación económica de Maritza aunado a la difícil situación de su hija se conjugan de tal forma, que a esta no le queda más remedio que pedirle ayuda a una de sus hermanas e irse a vivir en su casa temporalmente en otra ciudad mientras encontraba un trabajo y un ambiente más favorable para ella y su hija.

Por su parte la pequeña Samantha creyó que con el cambio de ciudad su pesadilla llegaba a su fin y que los recuerdos tormentosos de abusos sufridos pronto serían cosa del pasado. Sin embargo, Samantha no podía estar más equivocada, pues ni siquiera habían terminado de instalarse en casa de su tía cuando tuvo que empezar a lidiar con la insidiosa presencia de su primo Don, quien desde el primer día se ensañó con ella con un fragor obsesivo difícil de esquivar.

No había momento en que la mirada perversa y lujuriosa de su primo no la persiguiera por cada rincón de la casa, y por más que ella hacía hasta lo imposible por mantenerse a salvo de las obsesivas intenciones de su primo, llegó el momento en que este terminó doblegando su voluntad y convirtiéndola en parte de un abyecto juego sexual mucho más macabro y cruel que el que había sufrido a manos de Miguel, ya que muchas veces los zarpazos sexuales de su primo Don iban acompañados de golpes, insultos y amenazas mucho más intimidantes.

¿Cuántos vejámenes puede soportar una niña de seis años sin que su pequeña humanidad explote? A pesar de los aterradores episodios que Samantha vivía a manos de su primo, hallaba mecanismos mentales para tratar de normalizar su situación creyendo para sus adentros que a lo mejor se merecía esa suerte por ser una mala niña.

Tantos años de abuso por amigos, familiares y cuidadores acabaron, sin embargo, por erosionar la autoimagen y autoestima de Samantha, al punto de llevarla a considerar el suicidio como una opción para escapar del fantasma de la vergüenza.

Tiene que ser descomunal el sufrimiento y el hastío existencial sobre la psiquis de una niña de diez años de edad como para que considere ponerle fin a su vida de manera tan rotunda. Afortunadamente la historia de Samantha no termina en el valle sombrío y luctuoso de un cementerio, sino en la cumbre inspiradora de la superación y la resiliencia. Y aunque los pronósticos en la vida de Samantha no eran los más halagüeños y esperanzadores, con el tiempo logró descifrar en medio de su tormentoso silencio las coordenadas para reconfigurar su dignidad extraviada y encontró la manera de transformar un final inminente en un punto de giro de una historia más digna y promisoria.

Según me relató, solo pudo hablar libremente de sus tormentosos años de abusos cuando se convirtió en una profesional promisoria en su área y pudo utilizar su historia de vida como una plataforma terapéutica para ayudar a otras mujeres, niños y familias que han atravesado por el desierto del abuso y la deshumanización en cualquiera de sus formas.

Quiero resaltar que Samantha, aparte de compartir conmigo su historia de abusos, también me contó algunos de sus secretos para lograr superar la tristeza y los terribles recuerdos de su infancia.

El más importante y elemental secreto de superación tiene que ver con no dejar que la realidad exterior sea la que ponga punto final a nuestro relato de vida. Así las cosas, donde aparentemente debería ir un punto final, podemos convertirlo en un punto seguido o en el peor de los casos, en un punto suspensivo. Esto fue precisamente lo que hizo que la historia de Samantha no terminara en el más desdeñoso y cruel de los finales, y en cambio tuvo la lucidez de reeditar su vida hasta convertirla en un relato asombrosamente inspirador.

Somos transformadores de historias

Es innegable que como maestros tenemos el privilegio de contar la Historia, pero también de reeditarla. Solo que la cuartilla de escritura no es una hoja de papel en blanco, sino vidas con párrafos inconclusos y, en no pocos casos, mal escritos. De cualquier forma, cada niño que llega a nuestras aulas de clase es una historia a medio terminar y nuestra labor consiste precisamente en enseñarles a ordenar mejor el argumento de sus vidas. Y aunque soy consciente de que poner nuestra labor pedagógica en estos términos puede sonar demasiado contundente y ambicioso, un examen en perspectiva de esta afirmación puede darnos la certeza necesaria para convalidar esta tesis.

Es incuestionable que nuestro trabajo como docentes no se reduce meramente en proveer herramientas cognitivas a nuestros estudiantes, sino en mostrarles los diferentes caminos por los que pueden encauzar sus dramas, ilusiones, potenciales y perspectivas de vida. Sin embargo, esto solo lo podremos lograr en la medida que estemos dispuestos a leer juiciosamente sus historias de vida para interpretarlas adecuadamente y encauzarlas por un sendero de dignidad y propósito compatibles con sus verdaderas necesidades y expectativas de vida.

Discernir la realidad

Para nadie es un secreto de que vivimos en un mundo contradictorio y caótico. Por un lado, tenemos socieda-

des postmodernas e idealistas que gravitan mancomuna-
damente hacia un acercamiento intercultural global sin
antecedentes en la historia humana. Y al mismo tiempo,
somos la sociedad más distraída y ensimismada de cuantas han existido. De ahí que las familias ya no sean micro-
cosmos sociales integrados en un mismo ideal de convivencia, sino un conjunto de pequeños archipiélagos
atomizados por intereses que se contraponen, gracias, en
gran medida, a las brechas generacionales que hace que
padres e hijos se desconozcan y repelan continuamente.

Es tan preocupante este panorama, que muchas veces
los chicos prefieren el mundo virtual al mundo real, principalmente, porque en este mundo se sienten más com-
prendidos, valorados y protegidos que en sus propios
núcleos familiares.

Mientras las atmósferas internas de muchos hogares
están viciadas por la indiferencia, las limitaciones económicas, la falta de tiempo y de afecto, las imposiciones
arbitrarias y la desarmonía, el mundo virtual les ofrece a
los chicos una falsa sensación de libertad y autonomía,
es decir, que el mundo les pertenece y que todo cuanto
deseen se reduce a un simple *clic* de la computadora.

Aunque el ideal de aldea global que propugna por un
mundo sin fronteras y hogares sin paredes parecieran ser

una meta loable desde el punto de vista cultural, también es el caldo de cultivo de una pesadilla intercultural de dimensiones desconocidas, debido a que el concepto de familia como lo conocíamos está siendo socavado y convertido en un modelo arcaico e inoperante.

Prueba de esta afirmación tan rotunda es que las mujeres ahora quieren ser cualquier cosa menos madres y los padres quieren ser modelos de éxito en cualquier rubro menos en el de la paternidad.

En Europa, por ejemplo, un estudio publicado en 2017 por el Instituto Demográfico de Austria, afirma que existe una gran posibilidad de que la falta de hijos llegue a su punto máximo en los próximos años. Y una de las razones cruciales en países como España, dicen los expertos, serían las políticas públicas actuales que estarían obligando a los *milenials* a elegir entre tener un trabajo o un hijo.[2]

Las estadísticas de Europa se replican casi con exactitud meridiana en casi todos los países desarrollados y, en una proporción un poco más baja, pero en franco aumento, en los países en vías de desarrollo. Claramente ahora no es extraño, ni mucho menos descabellado que cuando a las parejas se le pone a elegir entre tener un hijo o una mascota, un gran porcentaje se decanta por las mascotas porque creen que estas atentan muchísimo menos contra sus ideales de libertad y realización.

Con este panorama tan adverso, no es extraño que los niños que logran nacer, luego de haber superado tal cantidad de signos de interrogación, carguen sobre su psiquis profunda la sensación de ser bichos raros, aún en medio de sus propios entornos familiares.

Personalmente creo que este sentimiento de «inoportunidad» es lo que en muchos casos los impulsa al mundo virtual y los convierte en seres tan vulnerables a todo tipo de acechanzas y peligros presentes en el mundo virtual. Si bien las razones que hacen que los niños se lancen sin ningún tipo de salvavidas moral al mundo digital son tan diversas como la realidad misma, los psicólogos especializados en comportamos infantiles coinciden en señalar que estas se pueden agrupar en tres grupos principales: necesidad de pertenencia, necesidad de reconocimiento e hipersexualización de la realidad.

Cuando un niño crece en un hogar que por alguna razón no les provee herramientas de aproximación en estos tres niveles críticos de su desarrollo, van a propender por ver al Internet como su sustituto natural. Lo complicado de esta situación es que no hay intermediarios ni mecanismos de defensa contra los desbocamientos de orden moral, emocional, ideológico, etc.

Aunque ya existen demasiados estudios sobre estos fenómenos, quiero concentrarme brevemente en la hipersexualización, porque creo que, de todos los fenómenos relacionados con los jóvenes, es el que, quizá, más los lesiona en su autoestima e identidad.

Antes de ofrecer mi reflexión en este aspecto, quisiera traer a colación lo que dicen las estadísticas de la UNICEF con relación al fenómeno en cuestión recopilados por el portal Infocop de España.[3]

El 52% de los niños y niñas de entre 9 y 16 años ha visto imágenes sexuales online y offline.

El acoso sexual en internet afecta en una proporción mayor a las niñas. El 42,6% de las chicas afirmaba haber sido víctima de algún tipo de violencia o acoso sexual online, frente a un 35,9% de los chicos.

Según Celia Ruiz, psicóloga clínica sanitaria y con especialidad en pedagogía y sicología infantojuvenil, «la hipersexualización es la tendencia a enfatizar el valor sexual de la persona por encima de cualquier otra cualidad definitoria. Esta tendencia se extiende con trágica rapidez a la infancia, acabando con ella, por cuanto define el canon de belleza en función del deseo sexual que despierta. Esta tendencia que está calando hondo y extendiéndose como una plaga, supone reconocer el valor social en función del deseo sexual. Es decir, cuanto más deseo sexual despierte, más valor social tiene la persona».[4]

En el 2001, el informe Bailey define por primera vez el concepto de hipersexualización infantil como «la sexualización de las expresiones, posturas o códigos de la vestimenta considerados como demasiado precoces». En este informe se condena el uso y la sexualización de los niños, y en especial de las niñas, como medio para vender determinados productos que van desde juegos, comidas, muñecas, ropa, hasta casas, coches, joyas, viajes, etcétera. Esta sexualización resulta, además de excesivamente precoz, innatural e insana para su desarrollo.

En el 2007 la Asociación de Psicología Americana (APA) publicó un documento a través del cual se denunció la tendencia a sexualizar a los niños y niñas en las sociedades del siglo XXI. Tanto los productos, como los medios destinados al público infantil emplean de un modo perverso el erotismo y el valor sexual como factores definitorios. Al hacerlo, se transmite un peligroso mensaje a los niños y a las niñas, ya que se les muestra que dicho erotismo puede proporcionar grandes beneficios sociales. Lo trágico es que el mensaje poco a poco cala hondo en la mente de los niños y las niñas y se transforma en una fuerte creencia. Los niños y las niñas creen que para tener éxito social tienen que ser sexualmente atractivos.

Es claro, pues, que un chico o chica que es bombardeado sin cuartel en el ámbito de su sexualidad y es expuesto a todo tipo de distorsiones respecto al papel de la sexualidad en el desarrollo de su autoestima, tiende a ser la carnada ideal para los ciberacosadores o depredadores sexuales. Esto porque son individuos incapaces de discernir los peligros a tiempo y porque su precoz exposición a las redes sociales y diferentes formas de la virtualidad, hace que rápidamente pierda de vista sus horizontes de vida y comiencen a verse a sí mismos a través de los adustos lentes de la cosificación.

El problema se vuelve calamitoso cuando la exposición mental se transforma en abuso sexual manifiesto derivado de la creciente incapacidad del niño o la niña para contrarrestar las trampas sutiles de los ciberacosadores o depravadores sexuales que acechan como aves rapaces en la Red.

Los que trabajamos con la primera infancia sabemos de primera mano las marcas indelebles que el abuso sexual causa en el alma de los pequeños; sabemos que son chicos que se rezagan en todos los campos del saber y que no logran florecer al tope de sus potenciales.

Un niño que cae en las redes siniestras de los depredadores sexuales, *sexting*, pornografía y relaciones sexuales inapropiadas, no solo pierde la inocencia y la capacidad de ver el mundo con los ojos de la ternura y la alegría, sino que, además, es un niño altamente expuesto a las Enfermedades de Transmisión Sexual (ETS), a enfrentar responsabilidades paternales ultra tempranas, y quedar presos de desórdenes y alteraciones psicológicas de todo tipo. Esto sin contar que pierden rápidamente la capacidad de asombro, de disfrutar los ciclos de la vida con la temperancia de ánimos propios de cada época de su desarrollo, y a convertirse en individuos pendulares entre la rebeldía y la autocompasión extrema.

En cualquier caso, son niños con una alta probabilidad de desarrollar adicciones de todo tipo y a quedar presos de toda clase de ideologías, filosofías y creencias tóxicas. Y un niño que crece sin saber distinguir los linderos de la moralidad, lo más probable es que se convierta en un adulto con creencias muy débiles respecto a sí mismo y respecto a otros, lo que conlleva a que no sea capaz de desarrollar relaciones significativas ni a responsabilizarse de sus actos.

Un llamado a rehabilitar

Como profesores encargados de la educación de una generación fracturada por todos sus costados, nuestra labor no debe reducirse solo a proveerles información textual, sino a descontaminar sus mentes y corazones de todo ese repertorio de toxicidades mentales y emocionales con los que usualmente llegan a nuestras aulas de clase.

De todas las responsabilidades que entrañan el dilecto privilegio de la docencia, creo que este es el que más esfuerzo y cuidado nos demanda, porque nos pone en un plano de fragilidad extrema que no admite distracciones ni vanas improvisaciones.

Aunque por experiencia propia sé que sobre la labor del maestro cada vez recaen mayores responsabilidades y compromisos, ninguna de estas deberá jamás opacar nuestro don providencial para rehabilitar sus mentes, almas y corazones. Y cuando hablo de rehabilitar me refiero específicamente a saber proveer herramientas de desintoxicación moral y a alimentar su autoestima y plusvalía con unos patrones comportamentales basados en la Verdad y no en meros supuestos filosóficos.

Un niño que ha sido sobreexpuesto a las encandiladoras mentiras de la sexualidad precoz o que ha sufrido los vejámenes del abuso sexual, son niños con una capacidad de asombro disminuida, por lo que esta deberá ser la primera línea de rehabilitación en la que trabajemos. ¿Cómo logramos esto? Utilizado la lúdica y las relaciones intencionales como instrumento para reconectar sus emociones con una visión positiva y optimista de la realidad; es decir, hablándoles de nuestros propios procesos y nuestras propias historias y aterrizando nuestras experiencias de vida a su contexto mental.

Recordemos que a los niños les encanta sobremanera escuchar historias de héroes y villanos y donde los héroes, a pesar de sus luchas y tropiezos, siempre terminan venciendo a sus adversarios.

Los siguientes son algunos consejos útiles para que los niños eviten el acoso sexual por internet.

1. No comparta su información personal ni familiar como dirección, teléfono, claves, contraseñas y evita poner fotos donde se muestre tu dirección o la escuela a la que asistes.

2. Informa a tus padres a una persona de confianza acerca de los nuevos contactos que agregas. Ten cuidado a la hora de aceptar en tus redes sociales personas que no conoces. Recuerda que muchos acosadores falsifican su información personal, edad y fotos solo para tener mayor acceso a menores.

3. Evita las citas por internet. Especialmente cuando tu nuevo amigo o amiga insiste en que se vean a solas.

4. Sospecha de todo el mundo, especialmente de los desconocidos que te piden que los agregues a tu lista de contactos.

5. Bloquea y denuncia a las autoridades a aquellas personas que te resulten sospechosas o que te envíen fotos y videos provocadores con imágenes indecentes.

6. Avísale a tus padres o a un adulto de confianza, cuando te sientas acosado, manipulado o extorsionado por alguien en internet.

¿Qué deben hacer las familias?

1. Infórmense y documéntense sobre los riesgos que conlleva el internet para sus hijos.

2. Como familia tengan conversaciones honestas de la información que ha encontrado e indaguen sobre casos reales

y compartan las eventuales consecuencias que puede traer el compartir información personal con extraños.

3. Aparten tiempo para ver videos informativos o de estadísticas y analicen algunos casos locales de niños que aceptaron citas a ciegas y sufrieron algún tipo de consecuencia por ello. (Puede encontrar invaluable información sobre estas investigaciones con la policía y organizaciones de su localidad).

4. Monitoree el tipo de imágenes que sus hijos bajan de internet y las fotos que ellos suben. Explíquenles a los niños lo que puede ocurrir cuando suben fotos a la internet y estas se vuelven de dominio público alrededor del mundo entero. Comenten con ellos lo fácil que es copiar y pegar estas fotos y usadas luego para chantajearlos.

5. Al entregarles a sus hijos un dispositivo como celular, computadora, tableta o consola de juegos, establezca reglas sobre cómo usarlos.

6. Dispongan un área común en la casa para estos equipos donde ustedes como padres puedan monitorearlos.

7. Instalen antivirus en las computadoras y programas de control parental de acuerdo a las edades de los hijos.

CAPÍTULO 7

El niño Kurty boy y el gallo campéon

Si Kurty boy pudo finalmente salir airoso del batacazo moral que significó ver su a gallo Rooster desplumado y desvirtuado, fue porque contó con el acompañamiento sentido de su padre, que antes que justificar su decaimiento moral por la tragedia ocurrida a su gallo, le ayudó a identificar a través de su penosa situación, el camino que habría de conducirlo a uno de los recuerdos cumbres de toda su existencia

Este capítulo lo escribí pensando especialmente en cada uno de ustedes que han optado por una de las profesiones más paradigmáticas, maravillosas, esperanzadoras y plenas que existen y, paradójicamente, también una de las más mal ponderadas y reconocidas, como es la docencia, la enseñanza o la tutoría en sus múltiples formas.

De modo que si apenas estás empezando a recorrer los sinuosos senderos de esta profesión, te animo a hacerlo con el ánimo erguido y a no dejarte minar por las eventuales contingencias del camino, pues te aseguro, desde mi experiencia, que has escogido una profesión muy encomiable y llena de satisfacciones, así el camino esté tapizado de abrojos y espinas.

Solo los que ejercemos la docencia como una vocación y un privilegio entendemos el valor tangencial de los procesos y la importancia de la paciencia en el espinoso tránsito entre la aspiración y el logro. Y aunque todos anhelamos desde lo más profundo de nuestro ser anticipar los tiempos y ser testigos de primera mano de los resultados de nuestro esfuerzo o expectativa, es claro que muchas veces (por no decir que casi siempre) no nos corresponde a nosotros ser testigos directos de los frutos de nuestro esfuerzo y noble dedicación. No por ello nuestra labor deja de ser relevante, pues el principio que rige la vocación del maestro está en el hecho de ser detonantes de procesos transformacionales y no sobre la premisa de participar de las glorias postreras.

Si bien existen sobrecogedoras excepciones, no debemos perder de vista nunca que se trata solo de eso, de volátiles excepciones y no de una regla inamovible.

Cada vez que pienso en esto, inevitablemente viene a mi mente nuestro Modelo máximo de lo que significa e implica ser maestro: Jesús de Nazaret. Como sabemos, su misión consistió en iniciar el movimiento transformacional más exitoso de todos los tiempos, pero no le correspondió a Él sino a sus discípulos postreros el llegar al clímax extraordinario de dicha transformación.

Debido a esto es la que la Escritura nos conmina a no pretender abarcar más protagonismos de los que nos corresponde, con las siguientes palabras: «Yo planté, Apolos regó; pero el crecimiento lo ha dado Dios. Así que ni el que planta es algo, ni el que riega, sino Dios, que da el crecimiento. Y el que planta y el que riega son una misma cosa; aunque cada uno recibirá su recompensa conforme a su labor» (1 Corintios 3:6-8).

Por otra parte, lo que sí no es excepcional es el hecho de que estamos llamados a ser moldeadores, sanadores y anunciadores, es decir, que sobre nuestros hombros recae la misión de confrontar, pero también reconfortar. En ese orden de ideas, debemos estar dispuestos, no solo a mostrar el camino, sino además acompañarlos en la travesía durante el tiempo que sea necesario; eso sí conscientes siempre de que nuestro protagonismo tiene un inicio, un desarrollo y un desenlace.

Una apropiada concientización de esta verdad es lo que nos mantiene invictos contra los huracanados vientos de la frustración, las motivaciones erradas y las dificultades inherentes a nuestra labor pedagógica.

Así que sin importar cuál sea la parte del proceso educativo en el que Dios te ha puesto, siéntase privilegiado o privilegiada, pues nuestra labor es un don maravilloso otorgado por Dios para traer esperanza y propósito a una generación cada vez más desenfocada de su propósito y destino.

Personalmente, cada vez que pienso en el privilegio que se me otorgó, antes que abrumarme o llenarme de ansiedad por el tamaño de la responsabilidad que se me confió, me conforto al saber que como maestra soy una cantera de esperanza para un mundo que transita a pasos desbocados por un sendero de creciente agonía y desilusión.

Sin embargo, cuando pienso que, a mi mentor y modelo, a mi Maestro de Maestros, también le tocó desarrollar su vocación en una época caótica y oscura en todos los sentidos, me consuela el saber que él antes que amilanarse frente el tamaño del desafío, acudió a su cantera de verdad para ilustrar su discurso de esperanza. De ahí que una de las cosas que más me asombra y conmueve de Jesús fue cómo él supo abordar los dilemas de su tiempo y llevarlos al terreno de las parábolas y las metáforas para potenciar su enseñanza y a hacer que esta calara con abrumadora pertinencia en la psiquis profunda de su audiencia.

Estoy convencida de que en eso precisamente radica nuestra misión pedagógica: en contextualizar los dramas humanos poniéndolos a gravitar en historias sencillas pero cargadas de profundos simbolismos transformacionales. ¿Cómo fue posible esto? Aguzando el sentido de la observación y mezclándolo con una dosis de imaginación y creatividad. Jesús sabía que la realidad humana se compone de historias y que, por lo tanto, existe una predisposición natural en los individuos por escuchar una verdad en clave de narración.

Es con base en esto que cuando queremos atraer la atención de alguien para contar algo significativo lo hagamos valiéndonos de este recurso tan antiguo como la humanidad misma, pero tan eficaz como catalizador de los procesos de aprendizaje. Puedes tener la audiencia más distraída y apática, pero en el momento que pronuncias las proverbiales palabras de «había una vez», todas las mentes quedan automáticamente atrapadas en la curiosidad por saber lo que viene después. Creo que no debo hacer demasiado esfuerzo verbal para probar esta verdad.

Cada uno de nosotros guardamos en algún rincón de nuestra memoria una cantidad invaluable de historias familiares que nos marcaron en nuestra forma de percibir el mundo. De hecho, cada uno de nosotros somos, en gran medida, producto de las historias que nos contaron y cómo nos las contaron en alguna época remota de nuestra infancia de labios de nuestros abuelos, padres, tíos, figuras de autoridad o que atestiguamos de forma directa y que nos conmovieron hasta las lágrimas o las risas más estrepitosas.

¿Qué sería de nosotros sin las historias? Posiblemente cualquier cosa menos lo que ahora somos en este punto de nuestras propias narrativas de vida.

A propósito de esto, quisiera pasar de la ortodoxia discursiva a la ortopraxis narrativa, contándoles una historia muy cercana a mis afectos, no solo por las enormes moralejas que entraña, sino además porque su protagonista es un niño de un país y una cultura muy distinta a la mía, y que, por gracia divina, con el correr de los años habría de convertirse, después de Jesús, en el hombre más cercano a mi corazón. Me refiero a mi esposo Kurtis.

La historia del gallo desplumado

En términos generales, la vida en el campo suele ser muy similar para cualquier niño, independientemente de su cultura, raza, creencias y entorno familiar. Por referencia directa o indirecta sabemos que los niños que crecen en el campo, por las mismas circunstancias inherentes a su entorno, deben asumir responsabilidades desde muy temprana edad, como son despertarse temprano y encargarse de algunas labores como alimentar a los animales de la casa, cortar leña, cargar agua, regar plantas y ayudar en los tiempos de siembra y cosecha, guardar semillas y ayudar a vender los productos en el mercado.

Para cualquier niño campesino esas responsabilidades eran (y siguen siendo) vistas como parte de la vida cotidiana desde que nace hasta que envejece, desde que se levanta hasta que anochece, y no es visto, como sí suele ocurrir en entornos más urbanos, como una expresión de abuso o maltrato infantil.

Pues bien, *Kurty boy* fue un niño que creció en un área rural del Estado de la Florida, donde lo normal era que los niños se levantaran muy temprano sin importar la edad para ayudar con los quehaceres del hogar, sobre todo, en lo relativo al cuidado de los animales. En ese sentido, la infancia de Kurty boy se dividió entre jugar haciendo fuertes imaginarios con sus amigos, asistir a la escuela y las labores propias de campo.

Kurty boy pertenecía al *Club 4*, el cual es una red de organizaciones juveniles en los Estados Unidos fundada en 1927 y administrada por el instituto Nacional de Alimentación y Agricultura, y cuya misión fundamental es involucrar a jóvenes de contextos rurales para ayudarles a desarrollar su máximo potencial, mientras crecen. Por cierto, el significado de 4 -H está relacionado con 4 palabras que en el idioma inglés empiezan con esta letra H como *Head*/Cabeza, *Heart* -Corazón, *Hands*-Manos y *Health*/salud.

Como parte del Club 4-H cada año Kurty boy competía en una feria campesina organizada por la organización juvenil en cuestión con un proyecto de crianza y cuidado de un animal como una vaca lechera, gallinas, conejos, patos, cerdos, abejas, etc.

Hubo un año en que a Kurty boy se le ocurrió la ingeniosísima idea de participar en la consabida competencia con su gallo de pelea al que había apodado campeón, debido a que en años anteriores había competido y ganado la codiciada cinta azul que lo reconocía como el primero en su categoría. Debido al antecedente de victorias obtenidas por su gallo *campeón*, Kurty boy estaba seguro de que ese año su apreciado gallo volvería a alzarse con el anhelado trofeo.

Las semanas previas a la competencia, el pequeño Kurtis las pasó velando para que *Rooster*, como llamaba a su gallo, tuviera buena comida, caminara lo suficiente y estuviera seguro en su jaula y que no se extraviara en la vastedad de la finca. Además de los cuidados propios que *Rooster* demandaba, Kurty boy se aseguraba de que su plumaje estuviera convenientemente acicalado para la competencia.

El día previo al esperado evento, la familia en pleno salió de compras, y el pequeño Kurty boy dejó a su gallo en casa, confiado en que todo estaría bien. Sin embargo, Kurty boy estaba tan entusiasmado y distraído con la salida familiar al pueblo que olvidó cerciorarse de que *Rooster* estuviera enjaulado y alejado de cualquiera de los muchos peligros que rondaban la casa y sus alrededores.

Horas más tarde cuando la familia regresó a la casa, al pequeño Kurtis lo esperaba la peor de las sorpresas. Su pesadilla comenzó cuando al entrar en la casa divisó, entre sorprendido y aterrorizado, cómo un tapete de plumas cubría escabrosamente la superficie del patio frontal.

Kurty boy no tuvo que hacer demasiados esfuerzos para reconocer que aquel vendaval de plumaje revolcado solo podía pertenecer a su adorado *Rooster*. La sola posibilidad de tener que aceptar que su a gallo campeón le hubiera ocurrido algo hizo que su corazón comenzara a latir como una locomotora desbocada. Por más que quiso negar lo que sus aterrados ojos veían, en lo profundo de su interior sabía que algo terrible le había sucedido a *Rooster*.

Como pudo, el pequeño *Kurty boy* se aferró a la lejana posibilidad de que su gallo aún estuviera con vida. ¿Pero qué pudo haber pasado? ¿Quién pudo cometer semejante atrocidad? ¿Dónde estaría *Rooster* ahora mismo? ¿Acaso lo encontraría con vida? De un momento a otro su pequeña mente se transformó en un remolino de inciertas inquietudes. ¿Qué había ocurrido durante su ausencia?

Los torrentes de preguntas fluían a borbotones al interior de su cabecita, mientras sus ojos recorrían pasmados de espanto aquel reguero de plumas y mientras sentía que su sueño de ver nuevamente a su gallo campeón literalmente también se desplumaba.

Después de buscar a *Rooster* por aquí y por allá, con el corazón en vilo, un par de horas después el pequeño Kurty boy finalmente encontró a *Rooster* escondido entre las gallinas, tiritando de frío y miedo. Luego de colectar las evidencias del crimen, o sea, las plumas, y ponerlas en una bolsa, el pequeño Kurtis empezó a atar cabos y a dar con las pistas que lo llevarían a identificar a los posibles responsables de semejante oprobio. Después de pensar en múltiples opciones, llegó a la conclusión de que algunos perros callejeros que deambulaban por el área habían atacado sin piedad al indefenso *Rooster*, dejándolo completamente desplumado.

Ver a *Rooster* semidesnudo y en las condiciones en que quedó minaron las esperanzas de Kurty boy y lo dejaron sin ninguna alternativa a la vista para presentarse en el esperado concurso al día siguiente. Kurty boy estaba desconsolado. Nunca en sus siete años de vida había tenido que enfrentar una desilusión de ese calibre.

Sin embargo, a medida que se daba a la insidiosa tarea de recoger una a una las plumas del patio, una alocada ocurrencia comenzó a rondar insistentemente en su cabeza. ¿Y qué tal si usaba pegamento para pegar nuevamente las plumas al inerme cuerpecito de su gallo *Rooster*? Luego de lidiar con las dudas y los peros, Kurty boy pensó que nada perdía con probar su desesperada idea, más lleno de entusiasmo que de certezas.

Como pudo el pequeño Kurtis se las ingenió para ganarse la confianza del esquivo gallo y comenzar a probar la efectividad de su método.

A pesar de su entusiasmo y determinación, el experimento no parecía muy promisorio, ya que el pegamento que usaba no lograba adherir adecuadamente las plumas en el cuerpecito resbaladizo de su mascota. Además, *Rooster* tampoco parecía muy entusiasmado con la idea.

Luego de probar infructuosamente de una y otra forma, Kurty boy y su papá diseñaron un plan maestro para no darse por vencidos. Su conclusión fue que su gallo participaría en la competencia, sin importar su penosa condición e independientemente de si ganaba o no. Lo más importante para Kurt era no rendirse sin siquiera dar la pelea.

Al siguiente día, muy temprano, Kurty boy preparó a *Rooster*, o mejor dicho, acomodó lo poco que quedaba del gallo en su jaula y le puso un cartelito que decía: «Mi gallo fue atacado el viernes pasado por un perro callejero, haciendo que perdiera su plumaje» y partió a la competencia.

La escena de tenacidad impactó tanto al jurado del evento que decidieron otorgarle por tercer año consecutivo la cinta azul que lo distinguía como ganador.

Fue tan meritorio el esfuerzo del pequeño Kury boy en no darse por vencido, a pesar de la adversidad que tuvo que sortear, que la historia de Kurty boy y su gallo desplumado fue reseñada por el periódico local a través de un inspirador artículo en el que la columnista Carol Comer exaltaban la tenacidad y capacidad del pequeño Kurtis para resolver un dilema emocional con tal nivel de gallardía y madurez. A pesar de los años transcurridos desde entonces, Kurtis todavía conserva como un tesoro la página de ese viejo periódico, del que quiero compartirles el siguiente extracto:

El pobre Kurtis se sentía muy mal acerca del incidente, especialmente porque su gallo había ganado la cinta azul por dos años consecutivos, sumado al hecho de que era su único gallo. Así que Kustis recogió todas las plumas en un recipiente y fue a su casa a buscar pegamento en barra para pegar las plumas a fin de que estuviera a listo a tiempo para ser evaluado por los jueces de la competencia. Es de resaltar que mientras estaba en la casa, Karen, su hermana de 3 años, puso el recipiente boca abajo y las plumas salieron volando por el viento. Aunque Kurtis estaba muy desanimado por toda esta cadena de inconvenientes, su papá Kenneth Weeks lo motivó para que inscribiera la desplumada ave y explicara a los jueces y al público lo sucedido. Kurtis, animado por su padre, hizo un pequeño cartel explicativo y lo pegó a la jaula. Al final él y su gallo colorado ganaron la cinta azul, por tercer año consecutivo.

Los dramas pueden ser socavones de derrota o podios de victoria

Todos los seres humanos adultos somos, de una u otra forma, consecuencia de cómo gestionamos nuestros dramas de infancia. La diferencia entre la calidad de vida entre los adultos y cómo encaran los desafíos del porvenir, radica, según mi entender, en la manera como las personas en su edad temprana administraron los contextos de dolor, la frustración, la desilusión y todos aquellos episodios de la vida que estuvieron atravesados transversalmente por los sentimientos de derrota y auto anulación.

Al comienzo de este capítulo dije que una de las misiones fundamentales de los educadores tiene que ver con ayudar a sus educandos a transitar por aquellos episodios complejos de su desarrollo, de modo que ellos puedan desarrollar una mirada periférica de su realidad temporal, que, a su vez, les permita asimilar con espíritu resiliente y combativo las crisis estacionarias propias de su desarrollo.

Con esto no quiero decir, que el papel del maestro se circunscriba a determinar unilateralmente cómo debe reaccionar el alumno en cuestión, sino más bien ayudarles a encontrar la combustión anímica necesaria para salir del atolladero de las dudas y la desesperación. En otras palabras, el maestro o tutor, debe ser un mediador que infunda confianza y plantee caminos en medio de las tensiones del alma y la oscuridad de las emociones.

Si Kurty boy pudo finalmente salir airoso y sobreponerse del batacazo moral que significó ver su a gallo *Rooster* desplumado y desvirtuado, en el sentido más cruel del término, fue, en última instancia, porque contó con el acompañamiento sentido de su padre, quien antes que justificar su decaimiento moral por la tragedia ocurrida a su gallo, le ayudó a identificar el camino que habría de conducirlo a uno de los recuerdos cumbres de toda su existencia.

Es muy probable que si el padre de Kurtis no hubiera estado presente en ese momento para ayudarlo a mirar la realidad con ojos de gallardía, probablemente Kurtis hubiera terminado sucumbiendo al más ponzoñoso sentimiento de fracaso, y privándose a sí mismo de una de las más grandes enseñanzas de toda su infancia.

Queda claro que nuestra voz de aliento y esperanza puede marcar la vida de nuestros niños, en esos momentos cuando los horizontes parecen más oscuros e intimidantes.

CAPÍTULO 8

El mejor regalo que puedo darte

Sin importar los años que llevemos ejerciendo una misma tarea o por más experiencia que tengamos en cierta área, es normal que, con determinada frecuencia, nos asalte la duda y hasta nos sintamos tentados a cuestionar si realmente fuimos llamados a hacer lo que hacemos.

Sin embargo, en otras ocasiones el péndulo de la duda no gira en torno a si nuestra vocación es la correcta o no, sino que las inquietudes gravitan agudamente en nuestras cabezas en torno a si la experiencia y capacidades que tenemos son lo suficientemente adecuadas para ejercer nuestro trabajo con un alto sentido de excelencia.

Para nadie es un secreto que esta era cibernética ha convertido la vida en un entramado de realidades mucho más competitiva y compleja de lo que era antes, donde el día a día parece demandarnos mucho más capacitación y habilidades en áreas que antes ni siquiera anticipábamos con el rabillo de la imaginación. De ahí que ahora las redes sociales y la infinitud agobiante de aplicaciones móviles ya no sean un mero distractor ocasional, y se hayan convertido en el cauce natural para llegar al corazón de una generación cada vez más exigente.

Y aun cuando el avance trepidante de la tecnología no necesariamente se traduce en años de experiencia o sabiduría ni reemplaza a rajatabla todo el bagaje que los individuos han cultivado con los años, sí son un indicador de lo volátiles y caprichosos que son estos tiempos postmodernos. También son una demostración fehaciente y sin atenuantes de los nuevos arneses o paradigmas que han comenzado a mover al mundo contemporáneo; paradigmas que también han comenzado a permear y reestructurar los pilares de la sociedad (familia, iglesia y sistemas educativos tradicionales) a una velocidad estrepitosa.

¿Qué actitud debo asumir entonces ante la nueva realidad mientras el vértigo sobrecogedor de los nuevos paradigmas tecnológicos y sociales terminan de instalarse en el mundo?

No pocos piensan que la actitud correcta frente estos fenómenos socio-culturales sin precedentes, tal vez, desde la Ilustración, sea la de doblegarse sin recelo ni cuestionamiento alguno. Otros, por su parte, creen que deben resistirse a dejarse llevar por la corriente y por eso se lanzan a pelear torpemente contra el monstruo siniestro de la modernidad, a pesar de saber en lo más íntimo de sus conciencias que saldrán mal librados de esta batalla desigual.

Los más aviesos y espirituales tienden a pensar que pueden revertir la situación valiéndose de todo tipo de «negacionismos» o prerrogativas místicas.

Finalmente están los que cierran los ojos para no ver, mientras cruzan los dedos y esperan a que lo que haya de ser, pues sea y punto.

Yo por mi parte no me atrevo a circunscribir mis consejos a ningún radicalismo tedioso y espurio. Más bien quiero apalancarme en mi experiencia y compartirte tres grandes lecciones que aprendí de mis amados mentores en estos años de trabajo en un ambiente psico-cultural tan distinto al mío.

Estoy segura que, si las consideras juiciosa y reflexivamente, muy posiblemente también encontrarás una renovada forma de inspiración que te animarán a ennoblecer tu vocación, más allá de los dilemas y desafíos de los tiempos presentes.

1. *Trabaja sin sentirte culpable*

«Señor pasajero, antes de ayudar a otros, colóquese usted primero la máscara de oxígeno».

Los que viajan en avión con alguna frecuencia están lo suficientemente familiarizados con esta frase, en virtud de que es repetida inexorablemente por los auxiliares de vuelo, mientras dan las consabidas instrucciones previas al despegue del avión. Sin embargo, debemos pensar que no se trata de una repetición intrascendente ni de un protocolo prescindible, sino de una cláusula operativa que, eventualmente, podría salvarnos la vida.

Para nadie es un secreto que ningún avión comercial, por sofisticado que sea, cuenta con el suficiente personal de tripulación como para atender individualmente a cada pasajero en caso de presentarse una emergencia. De manera que ante la posibilidad de que haya una, lo mejor que se puede hacer es solicitarle a cada pasajero su cooperación, con el fin de procurar mantener al máximo la seguridad. De allí la relevancia de tomar en serio cada recomendación dada por los auxiliares de vuelo y saber cómo auxiliarse a sí mismo en caso de presentarse una emergencia.

Si bien la labor de los auxiliares de vuelo estriba en instruirnos en cuanto a qué hacer y no hacer ante una eventualidad, es responsabilidad de cada viajero acatar esas instrucciones o no.

El punto al que quiero llegar con este ejemplo es resaltar la importancia del autocuidado personal, sobre todo, en momentos críticos o de alta tensión en algún aspecto de la vida. Así las cosas, nadie debería desplazar la responsabilidad del auto cuidado en otras personas, y en cambio, debería apropiarse de esta de forma integral; es decir, física, emocional y espiritualmente, sin sentirse culpable al creer que actúa de forma egoísta.

La premisa básica en este sentido, es que no podemos ayudar a otros al precio de sacrificar nuestro propio cuidado.

Por su puesto, que cuando hablo de autocuidado no me refiero a establecer mecanismos de autoprotección más allá de una órbita exclusivamente materialista y humanista, pues somos mucho más que una realidad física; somos una realidad emocional y espiritual que reclama un apropiado amparo y sustento. Y el mejor modelo que tenemos para inspirarnos en este aspecto es, a todas luces, el Maestro de Nazaret.

Todos, de una u otra manera, sabemos que Jesús vivió en una época de la historia convulsa y difícil desde el punto de vista social y político. El Imperio Romano era un lastre de terror que avasallaba al mundo de entonces con su poderío y fuerza. Lo más asombroso de todo es que Jesús nace y crece en un ambiente minado de desesperanza y resignación, y a pesar de tener en contra todos los factores, Jesús jamás perdió de vista su misión vocacional: anunciar las buenas nuevas de un reino mucho más noble y poderoso que el que se cernía sobre toda la cuenca del Mediterráneo.

¿Cómo fue posible que Jesús no perdiera de vista su horizonte existencial, teniendo prácticamente todo en contra?

Algunos atrevidamente dirán que Jesús mantuvo impoluta su consciencia misional porque era Dios encarnado y, como tal, ya se sabía de antemano vencedor. Sin embargo, la Escritura dice que al Maestro encarnarse en un ser humano automáticamente asumió las consecuencias de ser uno de nosotros. Lucas 2: 52 dice que Jesús tuvo que someterse a las reglas del crecimiento físico, lo que implicó aprender obediencia y crecer en gracia para con Dios y los hombres.

Hebreos dice de él algo asombroso: «Porque no tenemos un sumo sacerdote que no pueda compadecerse de nuestras debilidades, sino uno que fue tentado en todo según nuestra semejanza, pero sin pecado.» Hebreos 4,15. Aunque era Hijo, dice Hebreos 5:8, tuvo que padecer y aprender obediencia.

La razón por la que el Maestro no claudicó en su misión, a pesar de que su voluntad en algún momento quiso hacerle esquivar la copa amarga, fue porque Él cultivó su vida espiritual y su relación con Dios por encima de todas las cosas. El gran mandamiento del Maestro Nazareno a sus seguidores fue que cultivaran primero su vida espiritual, si realmente querían amar a Dios como él lo hacía. Si cumplían con esto, entonces iban a poder cumplir la segunda premisa del Gran Mandamiento: amar al prójimo como a sí mismos; es decir, tanto física como emocionalmente, sin reproches o sentimientos de culpa.

Es claro que Jesús no nos pide que amemos más al prójimo ni que nos amemos a nosotros mismos más que al prójimo, sino que lo hagamos de igual forma. Si notan, la Escritura relaciona el amar a Dios y al prójimo con las emociones, la espiritualidad y el intelecto. ¿Qué significa esto? Que el amor debe cubrir cada aspecto de nuestra vida, pues este es el único inmunizador capaz de contrarrestar los vientos ciclónicos de la desesperanza que, de tanto en tanto, estremecen los cimientos del mundo.

Cuida cada aspecto de tu vida

No solo la generación de Jesús se enfrentó al apabullante viento de la desesperanza, personificado en un imperio tan aterrador como el romano. A nivel personal, todos, indistintamente, vamos a pasar por el colador intimidante de la desesperanza, y es en esos momentos donde debemos echar mano del inmunizador más poderoso que contra la claudicación y los determinismos. Esto lo digo, no desde la teoría lejana, sino desde la experiencia más íntima.

Mi esposo Kurtis fue diagnosticado con Esclerosis Múltiple hace ya varios años atrás y como es natural, este diagnóstico, aparte de devastarme emocionalmente y estremecer mis cimientos como no se imaginan, también llenó mi mente de muchas preguntas en cuanto a nuestro llamado, futuro, finanzas, expectativas de vida, etc.

A pesar de que mi mente era un hervidero de temores e inquietudes, también era consciente de que con nuestra fe en Dios podíamos dar la batalla y superar la adversidad.

Una vez superada la primera etapa del diagnóstico de mi esposo, la cual consistió en aceptar la realidad y reorientar correctamente mis expectativas de vida, empecé a buscar la manera de crecer en mi relación con Dios y en buscar formas creativas de fortalecer la fe de mi esposo.

Sabía que lo más importante en ese momento era inspirarlo genuinamente a seguir adelante, sin importar los obstáculos que tendríamos que sortear, como las innumerables citas médicas con especialistas de todo tipo, la aparición de nuevos síntomas y que ponían en riesgo su bienestar, así como las tediosas y aterradoras horas de soledad en las salas de emergencias.

Algo que nos ayudó a sortear las primeras embestidas del monstruo de la desesperanza, fueron las llamadas de apoyo incondicional que a diario recibíamos, las cadenas de oración que se formaron en torno a la condición de Kurtis, las recetas de cocina para mejorar su alimentación y que fueron llegando por diversas vías, así como el apropiarnos de una serie de ejercicios y nuevas alternativas terapéuticas para mejorar su salud física y mental.

Sin embargo, más allá de las actividades prácticas mencionadas, nos fortalecía saber que teníamos un Dios que seguía haciendo milagros extraordinarios de sanidad. Esa convicción nos ayudó a creer firmemente que el Señor todavía seguía sujetando los hilos de nuestro llamado y destino y que, por lo tanto, sus planes para nosotros seguían teniendo vigencia, más allá de lo que dijeran los especialistas.

Ciertamente reconocer el Señorío de Jesús en nuestras vidas y aceptar su soberanía por encima de cualquier circunstancia nos ayudó a mantenernos firmes en la batalla.

De las muchas llamadas de solidaridad y apoyo que recibí por esa época, recuerdo particularmente una que recibí de mamita Sue, mi suegra, para expresarnos su apoyo y para saber si yo estaba descansando, comiendo y durmiendo correctamente. Lo que más me sorprendió fue que mamita Sue no solo llamó para averiguar por el estado de salud de su hijo, sino para preguntarme por mi salud física y emocional, pues era claro que mientras yo me ocupaba en poner la mascarilla de oxígeno a mi esposo, yo misma me estaba quedando sin aire.

La llamada de mi suegra me abrió los ojos y me hizo comprender la importancia de cuidar mi salud física, emocional y espiritual, para así poder ayudar mejor a mi esposo. A partir de ese momento empecé a tomar cartas en el asunto y establecí un cuadro con metas a corto y largo plazo que incluía: tiempos de meditación y devocional diarios, cambios alimenticios, tiempos de lectura consciente, abandonar viejos hábitos, caminar diariamente, rodearme de personas visionarias y fuertes en su fe, aun cuando esto implicaba cambiar de círculo de amistades tóxicas (así fueran cristianas) y, por supuesto, planear más viajes con propósitos definidos, cosa que a mi esposo y a mí nos gusta sobremanera.

El reenfocar mis prioridades de vida y comprender que mi bienestar integral no se limita a alimentar mi fe y devoción, sino también disfrutar de la vida que tengo, me dio una idea amplificada de lo que significa vivir a plenitud. Lo increíble de esto es que en la medida que aprendí a cuidarme en todos los sentidos, empecé a ser más sólida y efectiva en mi trabajo.

Es claro que no podemos cambiar muchas de las realidades sociales en las que vivimos y nos desempeñamos vocacionalmente; sin embargo, lo que sí podemos cambiar es nuestra manera de asumir los desafíos inherentes a nuestro entorno psicosocial. No obstante, todo comienza con una revaluación interna de las prioridades y entender que el secreto de todo radica en cultivar nuestra salud espiritual y hacer que esa salud se revierta en nuestras demás esferas de influencia. Eso fue lo que hizo Jesús, nuestro maestro, y por eso pudo inspirar de manera tan potente y genuina a sus seguidores y discípulos.

Los maestros transpiran lo que tienen dentro

El mayor logro de un maestro no es encontrar el mecanismo certero de traspasar lo que sabe a la cabeza de sus estudiantes, sino transpirar lo que hay en su corazón al corazón de sus educandos. Eso es lo que hace la diferencia entre una educación basada en relaciones intencionales, de una centrada exclusivamente en el conocimiento mecánico.

En ese orden de ideas, la principal tarea del maestro—y no me canso de repetirlo— es cuidarse a sí mismo, comenzando por su corazón.

A lo largo de estos años como docente en contextos psicopedagógicos convulsos, he aprendido que el secreto para ejercer nuestra vocación con responsabilidad y con la virtud de transformar vidas, es cuando somos capaces de enseñar a partir de nuestro estilo de vida y no meramente con las palabras.

Eso explica por qué los maestros que más nos marcaron y que recordamos como modelos trascendentes, son aquellos que utilizaron sus propias vidas como la cantera esencial de su enseñanza, y no los que alardeaban de su vasto conocimiento en alguna materia ni los que se pasaban presumiendo sus títulos académicos y mostrándose como lumbreras del saber, donde no había la menor posibilidad de oscuridad existencial o debilidad humana.

Así que no temas utilizar las cicatrices de tu propia alma ni las grietas de su corazón como un propiciador de reflexiones entre tú y tus estudiantes. Te aseguro que tu vida, bien contada, puede transmitir más esperanza y pasión que todo el conocimiento que puedas encontrar en cien libros.

Confío que al terminar de leer este libro puedas tomar un instante de reflexión y pienses cuál sería la mayor lección de vida que tendrías para ofrecer a otros.

Algunos ejercicios que, en lo personal, me han servido para desenredar la madeja de mis certidumbres, cuando esta se ha atascado en algún punto del camino, es apartarme a un lugar sosegado de la casa, tomar un pedazo de papel y escribir pequeñas metas actitudinales y enumerar los ajustes que debo comenzar a hacer inmediatamente, a fin de reencauzar eficazmente mis expectativas de vida.

Aunque muchas veces me siento tentada a procrastinar esas sesiones de autorreconocimiento para el día siguiente o para más adelante, siempre encuentro la manera de cautivar mi voluntad para no aplazarlo. Te invito humildemente para que tampoco tú lo hagas. Recuerda que quien siempre anda aplazando tareas, por más soñador o soñadora que sea, nunca alcanzará la estatura de un auténtico visionario ni conquistará sus metas más loables.

Créeme que sé de lo que hablo y por eso me atrevo a animarte a que consideres cuáles son esas metas de vida a las que les quieres dedicar todos tus entusiasmos y las dividas en pequeñas ambiciones espirituales, emocionales, físicas e intelectuales.

Cada vez que sientas que logras dar un paso significado en pos de esas metas, auto-reconoce tu esfuerzo y prémiate con algo que incentive las ganas de continuar, como un chocolate, una golosina, tu comida favorita, una salida, etc.

Eso sí, recuerda que lo más importante en estos procesos de reencauzamiento motivacional es escuchar la voz de Dios, rodearte de personas de fe y visión y evitar a toda costa las personas tóxicas, lisonjeras y obstinadas. En cambio, algo que nos impulsa y nos alienta a reenfocarnos en lo esencial, es buscar personas con las que compatibilicemos y les contemos nuestro proceso, en un puro ejercicio de retroalimentación.

Por favor memoriza estas sabias palabras:

«Maestro, ¿cuál es el gran mandamiento en la ley? Jesús le dijo: Amarás al Señor tu Dios con todo tu corazón, y con toda tu alma, y con toda tu mente. Este es el primero y grande mandamiento. Y el segundo es semejante: Amarás a tu prójimo como a ti mismo» Mateo 22:36-40 VRV60.

2. *Eres responsable solo por tus acciones y no por las de los demás*

Con bastante frecuencia escuchamos el término «pena ajena» para aludir, de manera indirecta o a modo de eufemismo, un sentimiento de vergüenza derivado de alguna acción infortunada cometida por alguien de nuestro entorno cercano o que conocemos, así sea solo de referencia.

En cuanto a la pena ajena, lo primero que debo decir es que todos en algún momento la hemos sentido o la hemos provocado, en menor o mayor medida. De ahí que la expresión no nos resulte extraña o ajena. Sin embargo, el asunto en cuestión pasa de ser algo incidental y deja de ser una expresión benévola cuando permitimos que este sentimiento de pena nos afecte más de la cuenta.

El problema con la pena ajena es que a veces nos apropiamos tanto de ella que deja ser ajena para convertirse en una pena propia. Esto ocurre cuando nos sentimos en la obligación de intermediar en una situación en la que alguien habla peyorativamente de alguien más o lanza juicios apresurados y comentarios denigrantes, como si fuera nuestro deber tomar partido en una causa que no nos corresponde. De hecho, muchos de los conflictos relacionales surgen precisamente cuando nos sentimos en el derecho o el deber de meternos de pies y manos donde no nos han llamado.

Por cierto, entre los maestros esta tendencia de sentir pena ajena es mucho más común de lo que imaginamos. Por alguna razón que no me queda del todo clara, tendemos a creer que parte de nuestra labor pedagógica incluye ser rescatistas profesionales en situaciones totalmente ajenas a nuestras competencias. No es extraño entonces, que por andar creyéndonos redentores, salgamos crucificados.

Y créanme que esto lo digo con profundo conocimiento de causa. Mucho de ese estrés que solemos cargar los maestros se debe precisamente a esta manía. Una de las lecciones más apaciguadoras que he aprendido con los años tiene que ver con no sentir culpa por lo que no me corresponde. Así que mi consejo para ti en este aspecto es conciso y claro: «Solo eres responsable de tus acciones, no de las de los demás».

Los conflictos como oportunidades

Las energías que gastamos en tratar de resolver lo que no está en nuestras manos resolver, debemos ocuparlas en fortalecer aquellas áreas individuales que sí tienen que ver con nuestras competenciales naturales y responsabilidades como maestros.

Uno de los aspectos en los que más debemos invertir nuestras energías, a fin de no quedar atollados en ese lodazal aniquilante de la impotencia, es aprender a lidiar con los sentimientos de frustración que a diario aquejan la vida del docente. Para ninguno de los que hemos dedicado la vida a la enseñanza es un secreto que la frustración es un común denominador en la vida de todo maestro que ha invertido finanzas, esfuerzo, tiempo y sacrificios para ver cambios significativos en la vida de sus estudiantes y, por qué no, en sus familias también. Yo misma he pasado muchas veces por el tamiz de la frustración y sé lo que se siente cuando las expectativas y la realidad gravitan por paralelos diferentes.

De todo el calendario escolar, los primeros meses suelen ser, quizás, los más difíciles para los maestros, en virtud de que tenemos que lidiar en un mismo salón de clases con una gran variedad abrumadora de caracteres, comportamientos, temperamentos y trasfondos económicos y socio culturales.

Este maremágnum de realidades, eventualmente, puede dejar en ascuas al más proactivo de los maestros, y ponerlo a dudar, incluso de su carrera y ministerio.

Si a esta combinación de factores le sumamos el hecho de que la docencia, como profesión, en la mayoría de nuestros países sigue siendo subestimada y mal remunerada por los gobiernos y es menospreciada por algunas iglesias, que solo ven en ella un trabajo de entretenimiento o una venial herramienta para atraer más feligreses, entonces el sentimiento de frustración tiene mucho de donde anclarse o enraizarse.

Por lo regular, este sentimiento progresivo de frustración es lo que nos lleva como maestros a los terrenos pantanosos de una insana competitividad y lo que hace que la adversidad y los conflictos florezcan entre nosotros.

Ciertamente la frustración es un fantasma con el que debemos batallar inteligentemente, si es que no queremos quedar doblegados en alguna parte del camino. Y consciente de esta realidad es que he querido traerla a colación en este último aparte de mi libro, no solamente como diagnóstico, sino como una circunstancia que puede transformarse en una tremenda oportunidad de renovación.

La frustración bien encauzada puede llevarnos a un estado de reflexión propicio para que nos ocupemos de nuestra salud emocional y mental. Recuerda que lo que tenemos en el corazón es lo que proyectamos a nuestros estudiantes. En ese orden de ideas, quiero que pienses que tu vocación es mucho más grande que la realidad temporal o las circunstancias contextuales donde desarrollas tu labor.

Recuerda que no puedes hacer más allá de lo que puedes hacer y que tu misión no consiste en salvar al mundo, sino en transmitir vida y esperanza. Piensa que tus esfuerzos tendrán sentido en la medida que entiendas que cada niño es diferente y aprende a su propio ritmo. Mientras unos producen cambios instantáneos, otros tomarán unos meses y a otros les tomará toda la vida. Eso no depende exclusivamente de ti, por lo tanto, no debes sentirte culpable si no logras más resultados de los que quisieras. Lo que sí depende de ti es marcar la diferencia en cuanto entusiasmo y esperanza. Así las cosas, serás un maestro que marque la diferencia en la medida que puedas impregnar esa devoción por la esperanza en tus alumnos. Un niño será revolucionado en cada aspecto de la vida solo en la medida que integre esa palabra en su psicología más profunda.

Casualmente esta semana me crucé con un mensaje que vi en una de las redes sociales y que viene como anillo al dedo. «En algunas ocasiones, solo se necesita un maestro para cambiar la vida de un niño. Y como es posible que algunos niños irán hoy a la escuela gracias a este tipo de maestro, proponte hoy ser tú también esa clase de maestro» (autor desconocido).

Por cierto, los maestros que cambian la vida de los niños no son las que tienen respuesta para todas sus preguntas y dilemas, sino los que saben inspirar en ellos un sentido vital de esperanza en relación a su propósito y destino.

La pequeña lista de actitudes y comportamientos que viene a continuación tienen el único propósito de ayudarte a recordar que tu trabajo es muy valioso, pero que tienen un límite.

Tu responsabilidad o cosas que sí puedes controlar son las siguientes:

- Cuidarte: Emocional, Espiritual y físicamente.
- Educarte y actualizarte en tu área de trabajo.
- Tener una actitud positiva frente a los desafíos y la adversidad.
- Mantener un comportamiento ético dentro y fuera del salón de clases.
- Tener expectativas hacia el futuro, crea metas y planes realistas y depositarlos en las manos de Dios para su dirección.
- Ser diligente, no procrastinar.
- Ser puntual y tener coherencia cuando hagas promesas.

- Buscar siempre mejorar tu área de trabajo o salón de clases. Esto tiene que ver con organización, decoración pedagógica, visuales, ambientación, música, etc.

- Mantener comunicación con tus estudiantes y sus familias. Esta debe ser clara, respetuosa y frecuente; no importa si es escrita, visual o personal.

- Pedir perdón sin excusas. Reconocer tus errores ante los demás mostrará el respeto y pasión que sientes por tu trabajo.

- Crear un ambiente espiritual y emocionalmente saludable donde todos se sientan bienvenidos, amados y valorados.

Existen comportamientos, estados de salud, actitudes y estilos de vida que están fuera de tu control y de los cuales no eres responsables, como, por ejemplo:

-Las expectativas de las familias

-El comportamiento de nuestros estudiantes.

-Sistema de evaluación y las reglas de nuestras instituciones.

-Los sentimientos de otras personas.

-Lo que la gente piensa y diga de nosotros.

-Los traumas infantiles, diagnósticos médicos o muerte.

-El sistema de creencias y valores de otras personas.

Recuerda que cada conflicto que se presenta en el salón de clases puede ser una excelente oportunidad de modelar, ensenar y trabajar en equipo.

3. Somos mensajeros de buenas noticias, sanadores de almas e inspiradores de vida

Quise dejar la mejor parte de este libro para el final, con la esperanza de que sea la parte que quede especialmente grabada en sus mentes y corazones. Por lo tanto, espero que sea usada como una herramienta vital en su proceso personal.

Aunque comencé a escribir este libro inspirada, en gran medida, en la maestra de infancia que tanto me inspiró y me desafió con su estilo de vida a encontrar mi propio camino, en la medida que fui escribiendo empezaron a venir a mi memoria todos aquellos mentores y amigos entrañables que han tenido un papel fundamental en mi proceso formativo a lo largo de los años. ¿Cuáles son sus nombres? Sería tedioso tratar de personalizarlos a todos, pues son muchísimos y correría el riesgo de dejar a algunos por fuera.

Lo que sí puedo mencionar con absoluta certeza, es que cada uno de ellos fueron mensajeros de buenas noticias al mostrarme los valores esenciales de la vida como son la generosidad, la importancia de la disciplina, los beneficios del ahorro, la apertura de corazón, la discreción, el saber escuchar cuidadosamente, el hablar moderadamente, el ser diligente, el madrugar, el disfrutar de las cosas pequeñas que llegan en la vida, lo saludable que es olvidar los errores de otros y poner siempre sus virtudes por encima de sus defectos. En síntesis, me enseñaron a nunca dejar de ser una alumna curiosa, a ser una discípula que no se rinde ante la adversidad, y sobre todo, a tener siempre un corazón enseñable.

¿Mensajeros?

Bueno, si prefieres puedes llamarte mentor, profeta, o como quieras. El punto aquí es que nuestra labor trasciende lo puramente académico, pues tiene que ver esencialmente con crear un ambiente pedagógico estructurado y sano para nuestros estudiantes y esto va más allá de seguir los estándares académicos de los países o de cumplir a rajatabla con un currículo y unas evaluaciones predeterminadas. Hemos sido llamados a sanar, curar, amar y, sobre todo, a inspirar.

Cada uno de nosotros tenemos un tiempo precioso e invaluable en la vida de cada uno de estos individuos; tiempo que puede ser determinante a la hora de encauzar el resto de sus vidas.

Para el pueblo de Israel, por ejemplo, la enseñanza era algo que iba más allá de la simple instrucción teórica. Por eso su sistema educativo se diferenciaba tanto de la educación moderna, que no enfatiza la sabiduría y el propósito, sino el hacer y el acumular información. Para los israelitas, en cambio, la enseñanza estaba estrechamente ligada a su relación con Dios.

Sin embargo, con el paso del tiempo las instituciones educativas judías comenzaron paulatinamente a ser afectadas por los cambios históricos y políticos y la enseñanza, que por siglos había sido transmitidas por los padres y la familia a través de la tradición oral, empezó a depender cada vez más de la escritura y la lectura.

Lo interesante de esto es que como la mayoría de padres no eran lo suficientemente diestros en esta materia, llegó un momento donde los maestros de profesión ocuparon este rol dentro del proceso formativo. Fue así como los docentes o tutores se convirtieron en un baluarte esencial dentro de una sociedad y una cultura que quiere avanzar y progresar.

Es importante anotar que la educación en el hogar y dirigido principalmente por los padres, siempre fue una fuerza poderosa y constante que marcó la historia del pueblo de Israel. Lastimosamente al adulterarse el modelo, se desnaturalizó también el propósito central del método educativo. Un rastreo cuidadoso de la historia nos prueba lo inconveniente que ha resultado este reemplazo, en términos de calidad y efectividad educativa. La buena noticia es que, a pesar de los desafíos de la modernidad, todavía podemos subsanar, de alguna manera, la situación e inspirarnos en la fórmula original. En nuestro caso puntual, esto implica hacer de Jesús nuestro modelo a seguir en cuanto a la educación contemporánea

Es interesante, pero al revisar las múltiples teorías pedagógicas de las que se surte la educación moderna, encontramos profundos vacíos e incongruencias en sus análisis, estudios y observaciones. Esto claramente explica por qué en la actualidad tenemos tantas posiciones y disyuntivas en cuanto a los modelos de educación. Mientras unos defienden con convicción rotunda el modelo gestado por María Montessori, otros se muestran en completo desacuerdo con sus estudios y postulados y le apuestan más a currículos o programas como los de *Waldorf education* o los del enfoque Reggio Emilia, cuyos métodos se basan en el auto aprendizaje y en la cooperación comunitaria.

Lo cierto es que aparte de los mencionados, existen otros miles de posibilidades en cuanto a lo que se supone debería ser los modelos de educación alternativos acordes con nuestros tiempos. No obstante, la gran diversidad de metodologías, siempre existirá la preocupación sobre quién posee o usa el mejor método y estructura de aprendizaje.

Si bien mi experiencia en la rama de la educación es corta y todavía me queda mucho recorrido por delante, lo cierto es que los quince años que llevo preparándome y lidiando con los distintos sistemas educativos de Estados Unidos y mi país de origen, me han dado cierto bagaje para llegar a la siguiente conclusión: más allá de defender un modelo en particular, lo que realmente me importa y mueve el péndulo de mi motivación, es mi deseo genuino de ser una maestra que sus alumnos amen, en virtud de que perciben en mí un compromiso genuino con su desarrollo y sienten que estoy realmente comprometida con enseñarles cómo ser protagonistas de su propia historia, con los deberes y responsabilidades que esto conlleva.

En ese sentido, mi modelo tutelar es Jesús, ya que la efectividad de su enseñanza se basó en su carácter y no en un sistema de reglas y procedimientos academicistas. Y a pesar de que sus maneras no siempre fueron las más ortodoxas ni las más halagüeñas, sus enseñanzas nunca pasaron inadvertidas y fueron capaces de romper los paradigmas de la época. Esto fue posible porque en esencia su método se basó íntegramente en amar a Dios y al prójimo. Por eso Jesús fue capaz de conmover y convencer a su audiencia y poner los cimientos de una transformación social sin precedentes.

La razón por la que Jesús es la Autoridad Suma en materia de enseñanza, es porque sus palabras siempre estuvieron respaldadas por sus acciones. Es tan así, que el evangelista Lucas resalta en Hechos 1:1, que Jesús primero hacía y luego enseñaba. En otras palabras, su vida estaba en completa armonía con sus enseñanzas, y es esa coherencia maravillosa lo que hace que su metodología sea digna de ser replicada por nosotros.

Si realmente queremos que nuestra enseñanza sea profundamente transformadora, entonces nuestra retórica y mensaje no puede estar desligado de nuestras acciones ni de nuestra vida practica y del diario quehacer.

Si realmente queremos que nuestra vocación afecte, no solo el presente y futuro de nuestros estudiantes, sino también su eternidad, entonces debemos mirar al Modelo de Modelos y considerarlo como el más expedito y digno de ser replicado. Te aseguro que, si lo hacemos, nuestra metodología de enseñanza dejará se ser puramente retórica para convertirse en un caudal de inspiración y curiosidad capaz de mostrarles a nuestros estudiantes un puerto seguro donde desarrollar la plenitud de su destino. De esa forma haremos que sus vidas cuenten para esta sociedad y para la eternidad.

Notas bibliográficas

Tennent S., M., (1996). *Montessori:* Teacher of Teachers, Lerner Publications Campany.

Feeney, S., Moravcik, E., Nolte, S., Christensen, D., (2010). *Who Am I in the Lives of Children?:* An Introduction to Early Childhood Person Education /Merril

Opal, S., (2019). *Societal Shift:* A World Without Borders and A Home Without Walls: A World Without Borders and A Home Without Walls, XP Books.

Opal, S., (2015). *Seduced:* The Grooming of Americas´s Teenagers, Xulon Press

Neifert, M., (2001). *Dr. Mom's:* Prescription for Preschoolers, Zondervan Publishing Company.

Brown, B., (2019. *Dare to Lead:* Brave Work. Tough Conversations. Whole Hearts. Random House P.

Adams, S., Baronberg, J., (2004). *Promoting Positive Behavior:* Guidance Strategies for Early Childhood Settings, Pearson.

Bentzen, W., (2000). *Seeing Young Children:* A Guide to Observing and Recording Behavior, Wadsworth Publishing; 6 edition

1.   Piaget, J., El tiempo y la distancia, Recuperado de, https://scielo.conicyt.cl/scielo.php?script=sci_arttext&pid=S0718-22012014000100010

2.   Artículo del Instituto Demográfico de Austria recuperado de: https://www.semana.com/vida-moderna/articulo/crianza-como-hacer-que-su-hijo-sea-el-proximo-jeff-bezos/695138

3.   Artículo de la UNICEF recuperado de: http://www.infocop.es/view_article.asp?id=7288

4.   Celia Ruiz, hipersexualización, recuperado de: https://www.webconsultas.com/bebes-y-ninos/desarrollo-infantil/que-es-la-hipersexualizacion-infantil

Biblia Versión Reina Valera Revisada 1960